マカベア戦記

ユダヤの栄光と凋落 (上)

秦 剛平

KYOTO UNIVERSITY PRESS

学術選書 072

京都大学学術出版会

口絵１●アンティオコス４世エピファネース（第１章）
口絵２●ポンペイのギュムナシオン（第１章）

口絵3●ユダの荒れ野（第１章）
口絵4●荒れ野に逃れるマッタティアスとその家族の者たち（第１章）

口絵5●ユーダス・マッカバイオスの勝利（第１章）
口絵6●神殿の清め（清掃作業）（第１章）

口絵 7●プトレマイス（現代のアッコ）（第２章）

マカベア戦記㊤◉目　次

目次　i

マカベア戦記㊤

はじめに

本書は上下巻で四章から構成される。

第1章のタイトルは「マカベア戦争（その一）——ハスモン一族の反乱からユーダス・マッカバイオスの死まで」である。

この章の初め部分では、エルサレムのギリシア化が語られる。通常、ギリシア化を英語で表記するにはヘレナイゼーションという言葉が使用され、そのため「ギリシア化」ではなくて「ヘレニズム化」と言われることもある。ここで語られるエルサレムのギリシア化の厳密な定義は難しいが、マカベア第一書や第二書が書き記しているいくつかの具体的な事例から、「ギリシア化」ないしは「ヘレニズム化」のアウトライン的なものは把握される。それは、エルサレムでのギリシア文化への傾倒やギリシア的生活様式の実践である。

マカベア書の読者は、ある日突然、シリアのセレウコス朝の第四代の王アンティオコス四世により、エルサレムのギリシア化が強制されたかのような印象を受けるかもしれないが、なーにそんなことはない。エルサレムのギリシア化はすでにアンティオコス四世の登場以前から大祭司や祭司たちの間で着々と進行していたのである。そのことを如実に示してくれるのは、たとえば、大祭司の名前に見られる「ギリシア化」である。大祭司オニアス三世の二人の兄弟はいずれも大祭司となるが、ヨシュアはヤソーンと、オニアスはメネラオスとそれぞれギリシア名で呼ばれている。さらにオニアスから大祭司職を継承したヤケイモスもアルキモスとギリシア名で呼ばれている。大祭司が大祭司ならばその下の祭司たちの多くもギリシア名で呼ばれていたであろう。

われわれは前書『空白のユダヤ史』（京都大学学術出版会）の第4章でパレスチナの徴税権を手に入れたエルサレムの豪商トビヤ一族の者たちについて触れた。彼らは折りあるごとにアレクサンドリアに出かけ、ギリシア人たちと接触してギリシア文化を堪能・享受していた。この者たちやその他大勢のエルサレムに住むユダヤ人たちは、ユダヤ教・ユダヤ文化だけを奉じるのではなく、シリアの王都アンティオキアやプトレマイス、アパメイア、エジプトの王都アレクサンドリアなどに出かけてはギリシア人をはじめとする多くの異教徒と交わり、ギリシア文化を肌で感じ、それを受け入れていたのである。エルサレムのギリシア化はなにもアンティオコス四世の強制にはじまるのではない。バビロン捕囚からエルサレムへ帰還した者たちが示した異文化・異教徒との「交わりの拒否」（アミクシア）はエルサレムではとっくの昔に崩れつつあり、アミクシアの否定の接頭辞「ア」はすでにどこかにすっ飛んで久しく、「交わりの拒否」アミクシアから「交わり」（ミクシア）へと向かっていたのである。

前一七一－一七〇年、アンティオコス四世がエジプト遠征の帰途エルサレムに立ち寄り、金目になるものを多数掠奪していく。王はその二年後にも再びやって来て、今度はそこを徹底的に荒らしたばかりか、エルサレムの神殿にゼウスの神像を置き、祭壇にはゼウスに供える豚が置かれる。ユダヤ教の祭壇での献げ物は当歳の子羊や子やぎなどに限られ、豚は「オー・ノー」である。たとえイベリコ産の豚で、神の口に合うのではないかと思われてもダメなものはダメなのである。律法によれば、豚は不浄な動物と見なされているからである。しかし、異教の王により豚の献げ物が強制されると、大祭司はそれを黙認し、祭司たちはそれにしたがったのである。

「いくらなんでもそれは……」とは反応しなかったのである。

現代でもそうであろうが、絶対的権威のヒエラルキーの下にある者たちは上の者に反抗や抵抗はしない。祭司たちは大祭司に指示にしたがい、祭司たちの下に位置づけられるレビびとたちは祭司たちの指示にしたがう。われわれはここで抵抗らしい抵抗がエルサレムにおいては見られなかったことに注目しなければならない。エルサレムにおいてギリシア文化を受け入れる素地がすでにしてつくられつつあり、またそこはヒエラルキーの世界だったのである。

だが、これに叛旗を翻《ひるがえ》す者たちが出現する。

エルサレム在住の、ではなくてエルサレムに近いモデイン村の田舎祭司マッタティアスとその五人の息子である。

ある日のことである。

マッタティアスはモデイン村の祭壇で異変の起こるのを目撃する。そこでも豚が神への献げ物として捧げられようとしていたのである。彼は献げ物をしようとした同胞や、アンティオコスから遣わされた役人たちをめった切りにする。もちろん、セレウコス王朝の役人を殺害した以上、「全国指名手配」である。彼は息子たちとともにユダヤ（ユダ）の荒れ野に逃れ、そこに点在する洞穴に潜み、しばらくは様子を見る。しかし彼はそこで息をひそめていただけではない。彼らにハシダイオイと呼ばれる者たちが加わるからである。彼は荒れ野の洞窟からゲリラ的な戦法に打って出る。

決起してから一年後、老兵マッタティアスは亡くなり、彼の三男ユーダス・マッカバイオスが父の指揮権を継承する。彼はユダヤ（ユダ）の地にいるシリアの兵士たちを相手に戦い、エルサレムの神殿を奪回して、それを再奉献する。生い茂ったぺんぺん草は刈り取られ、豚が献げ物として捧げられた祭壇は新しいものにかえられる。

これは決起してから三年目の出来事である。

神殿の再奉献まで三年を要したのが事実であれば、パレスチナの至る所にシリア兵たちやその伏兵がいたことになる。少し大げさに想像力を働かせてみるならば。

神殿再奉献後もユーダス・マッカバイオスの戦いは継続される。

この間シリアでは、アンティオコス四世が亡くなり、その子アンティオコス五世エウパトールが即位する。この若者の後ろ盾となるのはリュシアスと呼ばれる老獪《ろうかい》な野心家である。後になると、ローマから帰国したデーメートリオス一世が王であることを申し立てる。当然のことながら、アンティオコス五世とデーメートリオス一世の間で王位をめぐる熾烈《しれつ》な争いが起こる。この間エルサレムでは、大祭司アルキモスが倒れ、その大祭司職は、大祭司の家柄ではまったくないユーダス・マッカバイオスに継承される。彼はシリアの将軍バッキデースとの戦闘で落命する。

第2章は「マカベア戦争（その二）——ヨナテースの登場」である。

前一六〇年、ユーダス・マッカバイオスの指揮権はマッタティアスの五男ヨナテースに継承される。シリアのセレウコス朝との戦闘は継続されるが、途中、戦争のない、中休みのダル状態の時期が訪れたりする。

しかし、歴史は予想外の展開を見せる。

デーメートリオス一世に敵意をもつ者たちがアンティオコス・エピファネースの「なりすまし」を登場させるからである。デーメートリオス一世と「なりすまし」がヨナテースを自分たちの陣営に取り込もうと、あの手この手を使う。デーメートリオス一世と「なりすまし」の間で戦闘が行われ、前者は戦死する。「あれれれ」である。

ヨセフスはここでマカベア第一書から離れ、エルサレムでの大祭司争いで破れたオニアス四世と呼ばれる人物がエジプトのブーバスティス・アグリアの地に建てた神殿の話に移る。これはマカベア第一書も語ってはいない「脱線記事」（エクバシス）であるが、第二神殿時代のユダヤの歴史を語るのに、この記事ほど重要なものはない。第二神殿時代とは、バビロン捕囚からエルサレムに帰還した民が神殿を再建したそれ以降の時代を指すもので、通常その時間的スパンは対ローマのユダヤ戦争で神殿が炎上・崩壊する紀元後七〇年までである。なお、それ以前の時代は第一神殿時代と言う。

われわれはすでに前書『空白のユダヤ史』で、サマリアにもアレクサンドロス大王登場以前のペルシア時代のある時期に神殿が建てられ、ユダヤ教の「神はひとつ、神殿はひとつ」のイデオロギーに大きな綻《ほころ》びができたことを知ったが、前二世紀の中頃にエジプトの地にもユダヤ教の神殿が、しかもエルサレムの神殿を模した神殿が建てられ、それがエルサレムの神殿に向かって、エジプトでの神殿存在の正当性を主張しはじめたのである。

ユダヤ教は「神はひとつ、神殿は二つ」とする宗教から「神はひとつ、神殿は三つ」の宗教になったのである。

もちろん、三つの神殿は互いに他の二つの神殿の存在を強く否定し罵倒する。互いに「本家はこちらだ」と声高に申し立てる。宗教上の本家争いほど見ていて面白いものはない。尋常ならざる憎しみが容赦なく相手にぶつけられるからである。

われわれはエジプトでのユダヤ教の神殿建設をヘレニズム・ローマ時代のユダヤ教の一大危機と捉え、それゆえに、それを詳述し、二〇世紀になされた「エジプト考古学の父」と呼ばれるイギリス人考古学者フリンダーズ・ピートリ（一八五三―一九四二）らの考古学的成果に触れ、その成果にたいする批判を詳らかにし、発掘すべき場所は「違ったんじゃないの？」と申し立てる。斯界に名を馳せる一大権威に楯突くのは恐れ多いことであるが……。

われわれはまた、この時期に死海のほとりのクムランに逃げ込んだ者たちにも少しばかりであるが触れる。彼らはエルサレムの神殿に背を向け、自分たちの救いの実現に全身全霊で打ち込むファナティックで視野狭窄《しやきょうさく》な者たちの集団である。自分たちがまず救われなければならない。そのためには「主の日」の到来を斎戒沐浴《さいかいもくよく》して待たねばならない。厳しい掟の支配する集団生活である。部外者には眺めるのに楽しい風景であるが、これもまた後のキリスト教修道院などで見られることになる宗教的風景のはしりである。だが、それにしても人はなぜ荒れ野での孤独な生活を好むのであろうか。都会のネオンは気にならないのであろうか。

歴史はさらに別の展開を見せる。

デーメートリオス一世の子デーメートリオス二世が滞在先のクレタ島からシリアに上陸して王位を狙うからである。予期せぬさまざまな出来事の中で、デーメートリオス二世が勝利をおさめるが、ここにトリュフォーンなる人物が登場し王位を狙う。この間、マッタティアスの五男ヨナテースはシリアの形勢を観望しつつ、自分やイスラエルに取って得策となる途を選ぶが、最後はトリュフォーンの計略にかかる。

第3章（下巻）は「ハスモン家の支配（その一）——ユダヤの独立とシモーン（前一四四－一三六年）」である。

ヨナテースがトリュフォーンの術中にはまった時点で、指揮権はマッタティアスの長男シモーンに移る。トリュフォーンの鎖に繋《つな》がれたヨナテースはガリラヤのバスカマと呼ばれる土地で殺害される。マカベア第一書も『古代誌』も、かなり唐突な仕方で、シモーンの時代にイスラエルがセレウコス朝の軛から自由にされたと宣言する。その独立はシモーンがセレウコス王朝に壊滅的な打撃を与えて勝ち取られたものではなく、多分にセレウコス朝内での王位をめぐる熾烈な争いに端を発する「敵失」によるものである。予期せぬ嬉しい誤算、これを「棚から牡丹餅《ぼたもち》」と評したら言い過ぎか。軛を外されたのは前一四四年のことである。

この間、トリュフォーンがセレウコス朝の王になるが、デーメートリオス二世の兄弟アンティオコス七世が登場してトリュフォーンと王位を争い、シリアの大都市のひとつアパメイアで彼を捕縛し処刑する。シモーンはこの間、二人の息子を動員して国内につくられた要塞などに立て籠るシリア兵たちの追い出しに成功するが、最後は娘婿のプトレマイオスが主催した宴席で襲われ殺害される。酒に飲まれて命を失うのである。

次は「ハスモン家の支配（その二）――ヒュルカノス一世（前一三六―一〇五年）」である。議論はいくつかの部分に分けてなされる。

シモーンの指揮権を継承したのは彼の三男ヒュルカノスである。ヒュルカノスはプトレマイオスによって投獄された母と二人の兄弟を奪還しようとする。彼はダゴンの要塞にプトレマイオスを追い詰めるが、母や兄弟たちを奪還できない。そうこうしているうちに七年に一度の安息年が巡ってくる。安息年に入ると、ヒュルカノスは部隊を撤収せざるを得ない。ユダヤ教の部外者にはなんとも理解しがたい宗教的光景の展開であるが、この間にヒュルカノスの母と兄弟たちは殺害される。ヒュルカノスとその部隊が、安息年のために武器をとらず戦わなかったからである、宗教が手枷・足枷となるのである。そしてまたこの間にアンティオコス七世が登場して、エルサレムのヒュルカノスを包囲するが、彼は苦境にあるヒュルカノスに塩を送って理解を示し、最終的には二人の間で同盟関係が結ばれる。そのため、ヒュルカノスはアンティオコスが前一三〇年に行ったパルティア遠征に参加したとされる。「本当かな?」である。

ヒュルカノスはパレスチナ各地に遠征し町や村を攻略したばかりか、イドゥマイアを征服するとその住民に割礼を施してユダヤ人にさせる。なんともお手軽な仕方での、即席の「ユダヤ人づくり」である。

なぜ「ユダヤ人づくり」をしたのか?

そのところがよく分からない。

ヒュルカノスはローマの元老院に使節を送り、彼らと友好関係を結んだりもする。ヨセフスは、物語の再話の過程で、ヒュルカノスとファリサイ派の間に生じた軋轢《あつれき》を語る。ファリサイ派が政治の文脈の中にはじめて登場する、しかも非常に唐突な仕方で。ヒュルカノスは五人の息子を残して亡くなる。

次は「ハスモン家の支配（その三）——アリストブーロス一世（前一〇五－一〇四年）」である。ヒュルカノスの死後、長男のアリストブーロス一世が登場する。彼が最初にしたことは母と王権を争うことであったが、同時に共同統治者として遇そうとした弟のアンティゴノスを、中傷による離間策に乗せられて殺してしまう。彼は弟殺しを後悔しつつ病いを患い亡くなる。

次は「ハスモン家の支配（その四）——アレクサンドロス・ヤンナイオス（前一〇四－七八年）」である。

アリストブーロス一世が亡くなると、彼の弟アレクサンドロス・ヤンナイオスが王に指名される。アレクサンドロスはパレスチナの未征服の土地を征服しハスモン一族の支配の版図を拡大しようと目論むが、エジプトから追われキュプロス島にいたプトレマイオス九世の侵攻に遇い、パレスチナの各地で敗北を喫す。アレクサンドロス・ヤンナイオスは必ずしも国民を自分の味方にする人物ではなかったらしく、そのためその大祭司職の正統性を疑われたりする。そしてまたパレスチナ各地での遠征のすべてに成功したわけではなく、彼に味方する者たちの不興を買うことになる。

アレクサンドロスは自分の敵対者たちを残虐な仕方で処刑する。

彼は妾たちと祝宴を張りながら、八〇〇人の同胞たちを木柱に吊るし、彼らがまだ生きているときに彼らの妻子たちの喉をかき切ってみせる。こういう記事を読んだり、分析したりして歴史を学ぶことは、人間がどこまで残酷になり得るかを知る作業の一環であるのかもしれない。残虐さや残酷さは人間の属性であり、人間のつくる歴史の属性でもあろう。したがって、これを評してハスモン一族の「北朝鮮化」ないしは「イスラム国化」と言ったら言い過ぎで、現代の彼らの負の側面を買いかぶることになる。

ただし、多くの残虐行為がそうであるように、このヒュルカノスの残虐行為は後々まで尾を引くことになる。

彼は亡くなるとき、共同統治者であった王妃アレクサンドラ・サロメに向かって、彼の死後はファリサイ派の者たちに権力の一部を与えて懐柔するよう助言する。なおわれわれは『空白のユダヤ史』の「あとがきに代えて」の中で、十字架刑ではなくて、木柱刑について触れている。

最後は「ハスモン家の支配（その五）――アレクサンドラ・サロメ（前七八―六九年）」である。アレクサンドラ・サロメは王権を引き継ぐ。

彼女はイスラエル史に登場する最初の単独の女王となる。

彼女は夫のアレクサンドロス・ヤンナイオスが亡くなる直前に与えた助言にしたがい、ファリサイ派の指導者たちと相談しながら何事をも進める。大祭司職は長男のヒュルカノス二世が引き継ぐ。アレクサンドラ・サロメは王権を前七八年から前六九年までの九年間行使する。彼女の死後、ヒュルカノス二世の弟アリストブーロス二世が登場する。彼は兄とは違い政治的野心の持ち主である。彼はユダヤ（ユダ）の地の全要塞を制圧する。シリアの兵士たちにたいして、すなわちセレウコス王朝にたいして勝利を収めたということである。

第4章は「ヘロデの登場とハスモン家の終焉」である。

ここにイドゥマイアびとアンティパトロスが登場する。

彼の二人の息子はファサエーロスとヘロデである。ファサエーロスの名を知らなくとも、ヘロデの名前はだれもが知るが、このヘロデが知られるのはその残虐な行為のためである。シェイクスピアは『ハムレット』三・二で、「暴虐をきわめる」を表現するものとして、It out-Herods Heord なる、珍にして奇なる表現をつくりだしたが、先のアレクサンドロス・ヤンナイオスの残酷をこの言葉でもって表現することができるかもしれない。Alexander Jannaeus out-Herods Herod とかなんとか。この表現ひとつからしてシェイクスピアがヨセフスの愛読者であったことが知れるが、オックスフォードやケンブリッジのフォーマル・ディナーであれば、右や左の隣や前に座った人文科学系の学者たちと、また科学者たちと、シェイクスピアの使用した「ヨセフス全集」は古典学者のトーマス・ロッジ訳であったのか、それとも……と、食後酒でも口に運びながら延々と議論することができるであろう、日本ではできなくとも。

ヘロデがいかなる人物で、いかなることをしたのかはヨセフスを介したダマスコのニコラオスから知られる。ヒュルカノス二世はアレタス三世の力を借りて弟アリストブーロス二世に立ち向かい、そのためユダヤの国内は内乱状態に陥り、ローマが介入する。前六三年の春、ポンペイウスがシリアのダマスコ経由でユダヤ（ユダ）にやって来る。エルサレムの神殿はポンペイウスの手に落ち、さんざん荒らされる。ユダヤは主権を喪失し、ローマの属国となる。より正確には、ユダヤはローマの属州シリアの配下に入るのである。多くの研究者は、判で押したように、主権の喪失の原因をヒュルカノス二世とアリストブーロス二世の間の王位をめぐる確執にもとめる。そうであったかもしれないし、そうでなかったかもしれない。

前四〇年、アリストブーロスの子アンティゴノス二世がパルティア王によりユダヤの王に任命される。この年の春、ヘロデがローマに赴く。彼を歓迎したのはアントニウスで、彼はヘロデを王にするため画策する。彼は元老院で、ローマ人からではなくてパルティア人から王位を与えられたアンティゴノス二世を弾劾する演説を行う。ヘロデを王と宣言する布告がカペトリオーン（カペトリウム）に納められる。ヘロデすら予期しなかった「あれよあれよ」のことの展開である。彼はユダヤの地に戻ると、ソッシウスの率いるローマ軍の支援のもとエルサレムに強行突入を図り成功する。前三七年の出来事である。

ハスモン一族の残党アンティゴノス二世はアンティオキア滞在中のアントニウスに引き渡され、処刑される。アンティゴノス二世が歴史の舞台から去ったことにより、ハスモン家は終焉を迎える。次巻で語られるのはヘロデの支配である。

以上が本書で語られる内容のアウトライン的なものであるが、われわれは本書の第1章から第4章までで、主資料となるマカベア書が挙げる数字が、ヨセフスが使用するさまざまな資料が挙げるさまざまな数字が、そしてまたヨセフス自身が訂正したり創作したりする数字が荒唐無稽なものに見えるときには、遠慮なくそれを指摘する。

途方もなく大きな数を常識が許容する小さな数に切り下げることで、歴史の見えなかったものが見えてきたりする。数をふくらませる著者の思いや意図が見えてきたりもする。資料がプロパガンダ文書であるかどうかも判然としてくる。また著者の思いや意図に歴史を書く者の共通性みたいなものがあれば、われわれはそこから遡って聖書の挙げる荒唐無稽な数の問題にも切り込んでいくことができるし、またそこから逆方向に向かい、その後の歴史に見られる数の粉飾をも論じることが可能となる。

以上。

第1章 マカベア戦争（その一）

――ハスモン一族の反乱からユーダス・マッカバイオスの死まで

本書の第1章はハスモン（アサモーナイオス）一族の反乱から勃発した対シリア（セレウコス王朝）のマカベア（マッカバイオス）戦争を扱います。

ギリシア語アサモーナイオスは通常ハスモンと表記され、ハスモン一族を指します。この一族はマカベア一族と表記されることもあり、単数形のマッカバイオスは一族の成員ユーダス・マッカバイオスに由来するもので、その複数形マッカバイオイはマッカバイオスにしたがった一族の者たちを指します。

この時代の主資料となるのは新共同訳聖書で「旧約聖書続編」に分類される、前書『空白のユダヤ史』で取り上げたエステル記（ギリシア語）の次に置かれているマカベア第一書とそれにつづくマカベア第二書です。

主資料となるマカベア第一書はプロパガンダ文書

マカベア第一書は、ハスモン一族の支配の正統性を支持する者によって書かれた文書です。

本来はヘブライ語で書かれたものですが、非常に早い時期にギリシア語に翻訳されたと考えられます。それは本書がハスモン一族の支配の正統性を問題にする者たちに訴えるためのプロパガンダ文書だからです。プロパガンダ文書はアピールする対象の者たちの言語に可及的すみやかに翻訳されねばなりません。その著作および翻訳時期は、本書に登場するヨハネ・ヒュルカノスがシモーンの支配権を継承した前一三五年ころと考えられます。なおわたしは聖書の諸書の大きな分類項目に「歴史書」とか「預言書」はありますが、「プロパガンダ文書」とか「物語（フィクション）」、「読み切り短編小説」などの項目が無いのを不思議とする者です。わたしがギリシア語訳聖書を出版するおりには――神よ、あなたの名を口にしないわたしですが、その機会が一刻も早く与えられますように――「プロパガンダ文書」とか「物語」などの分類項目を設けようと思っておりますが、これらの項目を設けると「あの文書もこの文書もプロパガンダ文書」「こちらの文書もあちらの文書もたんなる物語」となってしまいそうですから、今から頭を痛めております。しかし、マカベア第一書は、どこからどう見てもプロパガンダ文書なのです。

マカベア第一書は全部で一六章からなるものです。

ヨセフスは、この文書の使用を同書一三・四二で終えております。マカベア第一書はそこからさらに一六・二四までつづき、シリアのセレウコス王朝からの独立をはたしたシモーンの統治と死を扱っております。ヨセフスが最終の三章を『ユダヤ古代誌』で使用していない事実から、第一四章から第一六章までの三章は本来のマカベア第一書にはなかったのではないかとか、その三章はマカベア第一書の「増補改訂版」で付されたのではないかとか、ヨセフスの使用したマカベア第一書はその三章を欠くものであったのではないかとする興味深い議論を誘発します。研究者は何でも疑い、何でも議論の組上にのせねばなりません。この問題は先に進んでから取り上げます。

『古代誌』ではマカベア第一書のほかにマカベア第二書も補足的に利用されております。本書はマカベア第二書と呼ばれるところから、マカベア第一書の姉妹編かと錯覚する方がおりますが、両者の間に姉妹関係や兄弟関係はまったくありません。マカベア第二書にはマカベア第一書に対抗し得る「歴史意識」はありません。本書はある二つの殉教物語を語るために、ただそれだけの目的のために編纂されたもので、その著作年代はハスモン一族のヨハネ・ヒュルカノスの支配のつづいていた前一二四年ころだったと推定されます。

この二つの文書の他に、マカベア第三書とか、マカベア第四書と呼ばれる文書もありますが、マカベア第四書の著者は長い間ヨセフスであると考えられました。面白いものです。

教会の物書きであるエウセビオス（後二六〇ころ―三三九）やヒエロニュムス（後三四七―四二〇）らがヨセフスの著作であると太鼓判を押し、確か、ルネサンス期の文人エラスムスもマカベア第四書の著者をヨセフスとしております。その誤りを指摘し、それまでのラテン語訳「ヨセフス全集」からそれを取り除いたのはヨセフスの近代語訳者としてその名を残したケンブリッジ大学教授のウィリアム・ウィストンです。一七三七年のことです。その詳しい経緯は拙著『旧約聖書続編講義――ヘレニズム・ローマ時代のユダヤ文書を読み解く』（リトン）を参照して下さい。冒頭から拙著の宣伝ばかりしているようで、恐縮です。マカベア第一書と第二書の翻訳はすでに終えております。あ、これも前宣伝になってしまいます。新しい、信頼できる訳を提供しようと一生懸命なのです、わたしは。

『古代誌』第一二巻の補助資料となるものは

マカベア戦争（その一～その二）を扱う『古代誌』第一二巻の主資料となるのは右に述べたマカベア第一書で、その補助資料となるのはマカベア第二書です。この二書以外にも、本書では前書で取り上げたダニエル書や、ポリュビオス（前二〇三ころ―一二〇ころ）の『歴史』、ダマスコのニコラオス（前六四―後一世紀の前半）の『世界史』などが使用されております。

ポリュビオスは第三次マケドニア戦争のピュドナの戦い（前一六八）の後、人質としてローマに送られますが、スキピオ・アエミリアヌスの庇護を受けて歴史研究をはじめます。ローマの世界支配やローマ軍についてのヨセフスの理解に大きな影響を与えた人物です。わたしはある時期、ポリュビオス抜きにしてはヨセフス研究などできないと思い詰めたほどで、ウォールバンクのポリュビオス研究などを頭に叩き込んだものです。

ダマスコのニコラオスとその著作

ダマスコのニコラオスはヘロデ宮廷の祐筆《ゆうひつ》、スポークスマンです。

彼はヘロデの死後、一四四巻の『世界史』（ヒストリアイ）を著した著作家でもあります。ヨセフスは『古代誌』の中でギリシア語で著作した者たちの著作からの引用を行い――その数はなんと五五人です！――、それらを、彼自身の記述や発言の傍証とします。この五五人の著作家のうち五人はヘレニスト・ユダヤ人著作家として分類されておりますが、ニコラオスはギリシア人著作家です。彼は『戦記』や『古代誌』の中で最も頻繁に引用されたり言及されたりする著作家のひとりです。『戦記』では八回、『古代誌』では三三回、そして『アピオーンへの反論』では一回、その名前が言及されたり、その著作からの引証がなされたりしております（ああそれなのに、本書の版元である京都大学学術出版会の『西洋古典学事典』での扱いはわずか一四行！　泣きたくなります。わたしはかつて京都大学文学部西洋史研究室編、改訂増補『西洋史辞典』［東京創元社］を紐解いて泣きました。ヨセフスの項目がそこにはなく、エジプトのヘリオポリスの神官「マネト」の中でたったの一行で言及されているだけで、しかもそこでの彼は「三世紀半」の人物とされているのです。これでは泣くな、と言われても泣いてしまいます）。『古代誌』を執筆しはじめた後八〇年代後半のヨセフスの卓上には、そのはじめからニコラオスの著作が山と積まれ、絶えず参照されました。実際、『古代誌』一・九四、一〇八、一五九で彼の名前が早々と挙げられております。

ニコラオスの著作がなかったならば、とわたしたちは想像してしまいます。ある時期以降のマカベア一族の歴史とそれにつづくヘロデ時代の歴史の記述に大きな空白期間が生じ、天地の創造以来「連綿と続く」と信じたユダヤ民族の歴史などヨセフスには書けなかったはずです。ヨセフスは『ユダヤ戦記』の第一巻ですでにヘロデ時代を扱っておりますので、『戦記』を著作しはじめたとき、すなわち対ローマのユダヤ戦争が敗北に終わった後数年たった七五年以降のある時期には、すでにしてニコラオスの著作の一部、すなわち彼の『世界史』の中のヘロデ時代を扱った諸巻を卓上に置いていたのです。

ニコラオスの著作なくして『ユダヤ戦記』第一巻や第二巻の執筆や『ユダヤ古代誌』全巻の完成などは考えられないのです。逆に言えば、ヨセフスは『戦記』の構想を練り始めた七〇年代の早い時期にローマでニコラオスの著作の存在を知り、それを使用すれば、『戦記』の執筆を、自分がその一族の末裔でもあるハスモン家の時代からはじめ得る確信を抱いたのであり、また同時にニコラオスの著作の全巻を通読し終えた七〇年代の終わりころまでに、天地創造にはじまるユダヤ民族の歴史の継続性を確信し、それを通史として描き得ると確信したのです。

この確信はちょうど、四世紀のエウセビオスがヨセフスの著作の存在を知り、『教会史』の第一巻から第三巻までの構想を練ったときの彼の確信と似てなくはありません。ヨセフスの『古代誌』と『戦記』があったからこそ、彼は『教会史』を著作してみせたのです（拙訳エウセビオス『教会史』〔講談社学術文庫〕参照）。実際、ニコラオスの著作なくしてはヨセフスが『戦記』も『古代誌』も書き得なかったように、ヨセフスの二つの著作なくしては、エウセビオスも『教会史』の最初の三巻は書き得なかったのです。ニコラオス→ヨセフス→エウセビオス。この関係は面白いものです。

ニコラオスの『世界史』は全部で一四四巻からなるものです。思わずのけぞるほど浩瀚《こうかん》なものです。

『古代誌』一四・六八でその名が挙げられているリーウィウス（前五九－後一七。ヨセフスのギリシア語読みではリビオス）の『ローマ史』一四二巻は、巻数の上でニコラオスの著作につぐものとなります。

ニコラオスの著作は、現在、断片で残されております。

一〇世紀の東ローマ帝国の文人皇帝として著名なコンスタンティヌス七世ポルフィロゲニトスが著

した歴史の抄録に保存されている断片その他によれば、ニコラオスの『世界史』の第一巻と第二巻はアッスリア、バビロニア、そしてメディアの歴史を扱っております。これにつづくヘラスからトロイア戦争までを扱った第三巻などから知られるように、彼の歴史はある特定の民族の歴史を語るものではなく、それを超えた普遍史になっております。歴史の著作で、普遍史を著したのは、ヨセフスもその名を『古代誌』一・一〇八や『アピオーンへの反論』一六、六七で言及するエフォロスと呼ばれる人物です。ヨセフスの『古代誌』が少しばかりではあってもときにユダヤ民族の枠を超える普遍史的な側面をもつのは、エフォロスの影響やポリュビオスの影響を考えねばなりませんが、それ以上にニコラオスの影響も考察の対象にしなければなりません。

わたしたちがニコラオスの『世界史』全一四四巻のうちで確実な知識として知り得るのは第七巻までです。それ以降の諸巻の内容は、ヨセフスの『古代誌』などを含む雑多な文書で言及されている出来事ないしは創作的出来事などから推測するしかありません。第九六巻ではノアの箱船のアルメニアへの漂着が語られ（『古代誌』一・九四参照）、第一〇三―一〇四巻ではミトリダテース戦争が、第一〇七巻ではスルラ、第一〇八巻ではポンペイウスのアルプス越え、第一一〇巻では前六三年のルクルルスの勝利、第一一四巻では前五三年のパルティア人によるクラッススの敗北、第一一六巻ではカエサルのガリア戦役、第一二三―一二四巻では前一四年のヘロデに同行したニコラオスのイオニアへの旅が語られ、最後の二〇巻でヘロデの歴史が扱われております。すでに述べたように、ヨセフスの

『古代誌』一・九四、一〇八、一五九、七・一〇一には、古代イスラエルの歴史に言及したニコラオスの断片記事が残されております。

ニコラオスの著作の重要性はいろいろな方面から議論できますが、そのひとつは散逸した古代の著作家たちの名前やその著作断片を保存していることです。たとえば、ヘーロドトスの同時代人であるリュディアの著作家クサントスやヘラーニコス、前四世紀のクニドスのクテーシフォスや先述のエフォロスらの存在やその断片は彼からのものであると指摘すれば、その重要性は自《おの》ずから分かろうというものです。ちょうどエウセビオスの『福音の備え』が、失われた古代の著作家のインデックスと評されるのと同じです。ニコラオスとエウセビオスは古代の著作家のインデックスづくりには欠かせない著作家なのです。

前三世紀の後半から前二世紀の後半へ

前書『空白のユダヤ史』(京都大学学術出版会)でわたしたちは、バビロンからのエルサレムへの帰還と神殿の再建工事に触れ、ペルシア時代の歴史資料となるものがないと天を仰いで嘆きつつ、アレクサンドロス大王の登場前後の時代に至り、さらにはアレクサンドリアにおける「トーラー」(モーセ五書)のギリシア語訳の経緯について触れ、最後にアレクサンドロス大王の死後に誕生したプトレマイオス王朝とセレウコス王朝によるパレスチナの領有をめぐる数次の戦争にそこに住むユダヤ人たちが巻き込まれたことや、その戦争の帰趨《きすう》に翻弄《ほんろう》されたことなどを見ました。

これらはいずれも前三世紀の後半の出来事ですが、ヨセフスが『古代誌』の第一二巻で描くユダヤ民族の歴史は、そこからおよそ一世紀の時間的空間をポーンと飛び越して前二世紀の後半に着地し、そこからはじまるのです。

前大祭司ヤソーンと大祭司メネラオスの角逐

わたしたちはすでに前掲拙著で、ヨセフスが大祭司の系図を手元に置いて、『古代誌』を著作していると繰り返し述べてきましたが、彼がある特定の大祭司に言及するときには、その系譜に目をやり、それに関連する資料があればそれを利用していると想像されます。

『古代誌』の一二・二三七以下でもそうです。彼は次のように切り出します。

「やはりそのころ、大祭司オニアスが死んだので、アンティオコスは、その兄弟に大祭司職を与えた。まだオニアスの遺児が幼かったからである。しかし、この遺児のことについては、適当な所でそのすべてを語るつもりである。」（一二・二三七）

ここで言及されている「大祭司オニアス」は、『古代誌』一二・二二五で触れられているオニアス三世を指します。マカベア第二書四・三〇―三八によれば、この男はシリアのアンティオキアの近くにあるダフネの聖所から誘い出されると、敵対するメネラオスが遣わした刺客アンドロニコスによって殺されたそうです。彼の殺害された時期は不明ですが、冒頭の「やはりそのころ……」は、先行する『古代誌』一二・二三四がセレウコス王朝のセレウコス三世の前一七五年の死に触れていることからして、ヨセフスが大祭司オニアス三世の死を前一七五年ころと考えていることは確実です。

オニアス三世の「遺児」とは本来世襲により大祭司職が転がり込むはずのオニアス三世の長男オニアス四世を指します。ヨセフスはこの遺児については「適当な所でそのすべてを語るつもりである」と読者に約束いたします。実際、彼は、『古代誌』一二・三八七以下、一三・六二以下その他で、成人したオニアス四世のことを語っております。オニアス四世は前一五〇年と前一四五年の間のある時期にエジプトへ亡命し、エジプトのヘーリオポリス（「太陽の町」の意）と呼ばれる町にエルサレムの神殿を模した「そっくりさん」を造営し、彼を排除したエルサレムの神殿勢力と張り合うことになります。わたしに言わせれば、これはユダヤ教の危機です。しかし、……

おもしろそうではありませんか。

わくわくするではありませんか。

ヨセフスはつづいて次のように申します。

「ところでイエスース（ヨシュア）――この人物はオニアスの兄弟である――は、王の不興を買ったため、大祭司職を取り上げられ、代わって王から任命されたのは、やはりオニアスと呼ばれる一番下の弟であった。つまり、シモーンには三人の息子がいたが、三人とも一度は大祭司になったというわけである。」（一二・二三八）

ここでのヨセフスはシモーンに三人の息子、すなわちオニアス三世、イエスース（ヨシュア）、それにオニアス（オニアス四世にあらず）がいたと理解しております。ヨシュアはギリシア名ヤソーンで呼ばれる人物で、オニアスはメネラオスとも呼ばれた人物です。ヨセフスは『古代誌』一五・四一でも、また二〇・二三六でもメネラオスをオニアス三世の兄弟としておりますが、マカベア第二書四・二三はメネラオスをシモーンの兄弟としております。もしマカベア第二書が正しければ、ヨセフスのここでの説明、すなわちシモーンの三人の息子が「一度は大祭司になった」は成り立たなくなります。

なおここで言及されている「王」は、セレウコス王朝のアンティオコス四世（前一七五―一六四）を指します（図1、口絵1参照）。添え名のエピファネースには「顕現王」の訳語が与えられます。「神が王に顕現している」という畏れ多い、いや傲岸不遜な添え名ですが、ここでの神はだれなのでしょうか？

図1●アンティオコス４世エピファネースの貨幣（上）
図2●ゼウス・オリュンピオスの神殿（下）

それが問題です。

なにしろヘレニズム世界には神は掃いて捨てるほどいるからです。

この添え名の神をアテーナイやヘレニズム世界の各地に建てられたゼウス・オリュンピオスの神殿（図2）から知られるゼウス神と同定したのはエドウィン・R・ベバンというイギリスの学者です。もちろん異論もありますが、わたしは彼が『ケンブリッジ古代史』（ケンブリッジ大学出版局）の中で行った同定を正しいものだと思っております。この神については先に進んでからもう一度言及いたします。

このころのエルサレムはセレウコス王朝の支配下にあったのですが、ここで注目したいのは、セレウコス王朝の王に大祭司の任命権が奪われていることです。すでに繰り返し指摘しているように、大祭司職は歴代の大祭司一族の間で継承されるものですが、ここでは、その継承権をアンティオコス四世に奪われているのです。王は自分の息のかかった者を大祭司につけることができたのです。あるいは後の時代のヘロデのように、どこの馬の骨か分からぬ者を大祭司職につけることも可能となります。しかしアンティオコス四世はそうはせず、ヨシュアの弟でオニアスと呼ばれる者に大祭司職を与えます。マカベア第二書四・八によれば、オニアス（メネラオス）がアンティオコス四世に拝謁のおり、莫大な金を贈る約束をするからです。

金《かね》、金《かね》、金《かね》。

金まみれの大祭司職です。

金の出所は明記されておりませんが、オニアスがアンティオコス四世に約束した金は「銀三六〇タラントンと、そのほか別の収入源から八〇タラントン」だったそうです。ここで言及されている「銀三六〇タラントン」は神殿の財宝の一部で、「そのほか別の収入源」というのは、エルサレムのトビヤ一族の金を指すものと思われます。この一族は前掲拙著で取り上げました。

マカベア第二書四・以下によれば、オニアスはこの拝謁で、もし王がエルサレムにギュムナシオン（ラテン語でギュムナシウム）を建設し、エルサレムの市民をセレウコス王朝の所在地であるアンティオキアの「市民として登録する権限」を自分に与えてくれるならば、さらに贈り物の金額を上乗せする約束をいたします。

しかし、ここで兄弟のヨシュア（ヤソーン）とオニアス（メネラオス）が角突き合わせる事態が起こります。

ヨセフスは次のように申します。

「さてイェスース（ヨシュア）は名前をヤソーンと改め、またオニアスはメネラオスとも呼ばれた。そして前大祭司のヤソーンが、後任のメネラオスに反抗を企てたため、一般の人びとは二派に分かれて争い、トービアス（トビヤ）の息子たちがメネラオス側に立ったのにたいし、民衆の多数はヤソーンを支持した。
ところが、ヤソーンの攻撃が激しかったため、メネラオスとトービアスの子らは、退いて、アンティオコスのもとへ赴き、次のように訴えた。すなわち、自分たちは自国の律法をそれに記されている生活様式を放擲《ほうてき》して、王の法律にしたがい、ギリシア的な生活様式にしたがいたい。また、そのために、自分たちがエルサレムにギュムナシオン（錬成場）をつくることを認めてほしい、と。そして、アンティオコスがそれらを承認すると、彼らは、たとえ裸体になったときでもギリシア人と見られたいと、自分の局所の割礼の跡を消し去り、それまでのいっさいの民族的な慣習は投げ捨てて、外国人の生活態度をまねるにいたった。」（一二・二三九―二四一）

ヨセフスはここで兄弟間の争いの理由を「前大祭司のヤソーンが、後任のメネラオスに反抗を企てたため」としておりますが、詳細は不明です。しかし、わたしには兄弟間の争いの原因をオニアスがヨシュアの大祭司職を金で奪ったからだと想像いたします。大祭司職は本来終身職ですから、メネラオスがそれを金で手に入れるにしても、それはヨシュアの死後のことでなければならないはずです。

右に引用した一文によれば、大祭司職の継承をめぐる争いで、エルサレムは二派に分かれます。民衆の大半は大祭司職を奪われたヨシュアを支持しますが、それは彼らが大祭司職が終身職であることを承知していたからかもしれませんが、異民族の王アンティオコス四世の介入を不当なものであると敏感に察知したからかもしれません。

マカベア第二書とヨセフスの間には記述上の違いが二つ認められます。ひとつは、マカベア第二書は、見てきたように、エルサレムのヘレニズム化の提案をオニアスがアンティオコス四世に拝謁したおりの出来事としておりますが、ヨセフスはそれを、オニアスが大祭司職に就いた後の出来事としております。もうひとつの違いは、マカベア第二書は、エルサレムでのギュムナシオン（口絵2参照）の建設をアンティオコス四世の願いとしておりますが、ここでのヨセフスはそれをメネラオスとトビヤ一族の子ら（子孫たち）の願いとしていることです。なお、ここで言及されているトビヤの息子たちとは、前掲拙著の最終章の第5章で取り上げたトビヤ一族英雄譚に登場する、パレスチナの徴税権をエジプトのプトレマイオス王から手に入れたトビヤの子ヨセフの子らのことですが、ヨセフの母は「大祭司オニアスの姉妹であった」（一二・一六〇）そうですから、トビヤの息子たちがオニアス支援に回るのは当然かと思われます。なお、前書で見てきたように、トビヤ一族の者たちが、アレクサンドリアのギリシア文化を讃美するヘレニストであったこともここで今一度想起しておきたいと思います。

エルサレムのヘレニズム化

アンティオコス四世はエルサレムのヘレニズム（ギリシア）化にご執心です。その結果、マカベア第一書一・一四（およびマカベア第二書四・一二）によれば、エルサレムにギュムナシオンが建設されます。この錬成場がエルサレムのどこに建設されたのか——マカベア第二書四・一二によれば、それは「城塞の下に」建設されたことになっておりますが、その城塞がエルサレムのどの場所のものかについては書き記されてはおりません——、その建設資金を誰が出し——出資は豪商トビヤ一族からでしょうか——、どの程度の規模のものであったのかなどの詳細も不明です。

マカベア第二書四・一四によれば、レスリングなどがおこなわれる格闘技場などもエルサレムに建てられますが、その詳細も不明です。わたしたちが知ることができるのは、若い祭司たちが喜々として格闘技に参加したということです。

わたしたちは前掲拙著の第2章でエステル物語を取り上げました。あの創作物語では、ペルシアに住むユダヤ人たちが、宮廷を牛耳るハマンの策略により、絶滅の危機にさらされますが、最後は王妃エステルやその叔父モルデカイの英雄的な働きによってハマンを木柱に吊るして退治したばかりか、彼らの敵対者たちを襲撃して滅ぼします。彼らユダヤ人の襲撃を恐れた異教徒たちの中に、あわてて割礼を受けてユダヤ人になりすます者が続出したということで、わたしたちを笑わせてくれましたが、マカベア第一書や第二書によれば、ギリシア文化に憧れた若者たちが割礼の跡を消したいというのです。

割礼はオチンチンの包皮の部分を少しばかり切り取る行為です（創世記一七・九―一四）。ユダヤ人男子はそうすることで、民族の一員に加えられたことを自覚するそうですが、ギリシア文化を讃美し、それを実践するには、ユダヤ人としてのアイデンティティなどはどうでもいいのです。割礼の跡を消し去らねばならないようです。

それはなぜなのでしょうか？

それはギュムナシオンでレスリングなどの格闘競技を「スッポンポン」（ギュムノス）で行うからです（図3）。そのとき割礼の跡があるのはかっこ悪いと言うのです。恥ずかしいと言うのです。ヘルメス神ご愛用のペタソスと呼ばれるつば広で有翼の帽子をかぶり（図4）、有翼のサンダルを履いて（図5）ギュムナシオンに出入りするエルサレムの祭司たちやその子弟たちが、同胞のユダヤ人たちやエルサレムに住むギリシア人たちに「見られる」ことを意識しはじめたのです。しかし……それにしても、どのような手術を受ければ、割礼の跡を消すことができたのでしょうか？

エルサレムの中か外に○×《まるばつ》整形美容院などあったのでしょうか。

あったりして。

マカベア第一書一・一五によれば、ギュムナシオンが建てられると、エルサレムの若者たちは、シ

図3●古代ギリシアのレスリング競技（上）
図4●有翼でつば広のギリシア帽（右）
図5●有翼のサンダル（左）

ナゴーグでなくてギュムナシオンに足繁く通い、トーラーの巻物ではなくて、ホメーロスなどの書に心酔するようになります。もちろん、そうなれば、ギリシア人をはじめとする異教徒たちとの交わりも積極的なものとなり、前掲拙著の第1章で見た、バビロンからエルサレムへ帰還した民に奨励された「異教徒との交わりの禁止」はまるで嘘のような事態となります。「アミクシア」（交わりの拒絶）から「ミクシア」（交わり）への転換です。それはともかく、ギュムナシオンをはじめとするギリシア的な都市に見られるその他のヘレニズム的な諸施設の建設は、離散のユダヤ民族の歴史が大きく様変わりする予兆となるものです。ギュムナシオンについてはこれ以上のことが書かれていないのはザンネンですが、サルディスのシナゴーグの遺構の調査によれば——その調査は一九五八年以降ハーバード大学とコーネル大学の後援のもとに行われておりますが——、そのシナゴーグの敷地の一部にギュムナシオンと公衆浴場の複合施設があったことが分かり、離散のユダヤ人たちの異文化への適応能力が大いに論じられたものですが、もしかしたら、エルサレムのギュムナシオンもそれなりの複合施設の一部であったのかもしれません。

アンティオコス四世エピファネースとエジプト遠征

この時期、シリアのアンティオコス四世はエジプトに遠征いたします。

前掲拙著の第5章で見たように、セレウコス王朝とプトレマイオス王朝はパレスチナの領有をめぐって争ってきましたから、機会があれば、どちらも相手を征服しようとします。『古代誌』一二・二四二は、王の遠征の理由を「王国内ではすべてが順調に運んでいたため……」また プトレマイオス五世の息子たち（プトレマイオス六世フィロメートールとプトレマイオス八世エウエルゲテース）が幼少で「大国を統治する能力」を持ち合わせていなかったことにもとめますが、一般にはその遠征の背景はもっと複雑なものであったとされます。

マカベア第一書一・二〇およびマカベア第二書五・一によると、アンティオコス四世は少なくとも二回エジプト遠征を行っております。第一回の遠征はセレウコス暦の第一四三年です。ヨセフスは二つの遠征をひとつにしております。そのため、彼の記述には混乱が認められます。少しばかり整理をしておく必要があります。

アンティオコス四世は第一回の遠征で、エジプト北境にある要塞都市のペールシオン（図29）や、カイロの南一一マイルにあるメンフィスを占領し、プトレマイオス六世フィロメートールを監視下に置きます。それにたいしてアレクサンドリアのギリシア系住民は、フィロメートールの弟プトレマイオス八世エウエルゲテースを擁立いたします（ポリュビオス『歴史』二八・二一）。そこでこの混乱の機会に、好機到来とばかりにアンティオコス四世はアレクサンドリアへ侵入しようとしますが、町の堅固な城壁を破れず、目的を果たせないままシリアへ戻るわけですが、いくらなんでも手ぶらでは戻れません。そこでその途中……

アンティオコス四世の第一回エルサレム占領

アンティオコス四世は、エルサレムに立ち寄り、そこに入城するのです。マカベア第一書一・二〇―二四によれば、これが彼の第一回エルサレム占領ですが、ヨセフスは次のように申します。

「さて、アンティオコスは、ローマ人を恐れたため、エジプトから引き返すと、エルサレムびとの都に向かって進んだ。そしてセレウコス暦の第一四三年、彼はそこへ入城したが、(町の) 城門は彼の一味によって、あらかじめ開かれていたので、彼は戦うことなく (全) 市を占領した。そして、エルサレムの支配者となってしまうと、彼は、自分に反対する立場にあった者を多数虐殺し、多額の金を戦利品として手に入れた後、アンティオケイアへ帰って行った。」(一二・二四六―二四七)

この一文を少し解説いたします。

最初はセレウコス暦です。ヨセフスが主資料として使用するマカベア第一書には、セレウコス暦にしたがって年代に言及する箇所が二一ばかりあります。

セレウコス暦第一年は紀元前何年からとされたのか、またそれを採用したパレスチナのユダヤ人たちがどのようにして用いたのかに関してはいろいろ議論があるところですが、ユダヤ暦に詳しい故S・ツァイトリン博士は、次のように言ってセレウコス暦を説明いたします

（一）セレウコスの同盟国は、前三一二年の五月、デーメートリオスをガザの戦いで打ち破り、同年の夏、セレウコスはセレウコス王朝の創始者となった。

（二）セレウコス王は、セレウコス暦第一年を、前三一二年の五月に定めた。ただし、シリアの多くの土地では、新年を秋からはじめる習慣だったので、セレウコス暦第一年は、前三一二年の秋から数えられた。

（三）セレウコス暦を採用したユダヤ人は、その第一年を、前三一二年の夏から同年のティシュリ（九−十月）までとした（S・ツァイトリン編『マカベア第一書』補遺C）

ツァイトリン説にしたがえば、「セレウコス暦の第一四三年」は前一七一−一七〇年となります。都エルサレムへのアンティオコス四世の入城を容易にさせたのは、あらかじめそこに待機していた「彼の一味」だったそうですが、文脈からして、彼の一味とはトビヤ一族の者たちと彼らを支持するメネラオス派の者たちで、その入城を阻止しようとしたのはヤソーンを支持する民衆たちだったと思われます。

右に引いた一文によれば、アンティオコス四世は入城に反対するエルサレム市民たちを「多数虐殺

した」とありますから、入城を認める一派とそれに反対する者たちの間で演じられた城門前での小競り合いは非常に激しいものであったと想像されますが、同じような光景は、後の時代、ローマの将軍ポンペイウスがエルサレムに入城しようとしたときにも見られるものとなります。

城内に入ったアンティオコス四世は「多額の金」を戦利品として持ち帰りますが、このときは神殿荒らしはしなかったようです。それをするのは次の第二回のエルサレム侵入のときです。

アンティオコス四世の第二回のエルサレム侵入と神殿荒らし

マカベア第一書一・二九によれば、アンティオコス四世は「二年後」再びエルサレムにやって来ます（マカベア第二書五・一をも参照）。

ヨセフスは次のように申します。

「それから二年後、すなわち第一四五年の、わたしたち流に言えば、カスレウスの月の二五日、またマケドニア風に言えば、第一五三回オリュンピアドの年のアペライオスの月の二五日に、王は大軍を率いてエルサレムへやって来て、偽って口に平和を唱えながら、策略を用いて（またも）全市を占領した。」（一二・二四八）

この第二回目のエルサレム入城が、第二回のエジプト遠征に先立って行われたのか、それともエジプト遠征の帰途に行われたのか、その辺りは不明ですが、それはともかく、マカベア第一書一・二九に、王は最初「ムシアびとの頭《かしら》をユダの町々に送り込んだ」とあります。ムシアびとの頭は先発隊として送り込まれたのでしょうか?

ヨセフスによれば、アンティオコス四世によるエルサレム入城は「カスレウスの月の二五日」です。彼がカスレウス（キスレブ）の月に言及するのは、それがマカベア第一書一・五四でも言及されているからですが、そちらの日付は二五日ではなくて一五日です。

マカベア第一書一・二九以下によれば、このときの神殿荒らしは徹底したものであったようです。都の至る所に火が放たれ、人家と城壁が破壊されます。そして、アクラと呼ばれる要塞が建てられ、以後、エルサレムの市内の動きが監視されることになります。そこにはエルサレム市民の中のアンティオコス派の者たちの多くが住み着くことになります。マカベア第一書では、この者たちは「罪深い民」とか「律法に背く者」と一方的に断罪されております。この間、エルサレム市民は殺されるか捕虜にされ、神殿の多数の財宝が奪われます。エルサレム神殿にとっての財宝はつねに金ぴかの金目のもので、トーラーの巻物などは二の次、三の次のものとなるのでしょうが、それでもアンティオコス派の兵士がそれを見つけ出せば戦利品として押収するか、王の命令でそれを即その場で焼却処分したのではないでしょうか。

ヨセフスもマカベア第一書にしたがって、そのときの様子に言及しますが、その際彼は、対ローマのユダヤ戦争（後六六―七〇）の最終局面の光景、すなわち神殿に火が放たれる直前にそこからユダヤ教の象徴である七つの枝の燭台や神殿の垂れ幕などがローマ兵によって持ち出された光景を思い起こしたためでしょうか（図6）、アンティオコスの兵士たちが「……極上の亜麻布とあざやかな深紅色の布でつくられた垂れ幕などまでも遠慮なく運び出し……（神殿を）空き家同然にした」（一二・二五〇）と、資料には見られない光景を想像します。そしてまた彼は捕虜となった市民の数は「約一万にも達した」（一二・二五一）と申します。この数字は対ローマの戦争で捕虜となり、奴隷として売り飛ばされていく同胞たちの姿を頭の中に再現して、「約一万」としたものと思われます。わたしたちはすでにこれまでたびたび、ヨセフスが物語に史実性を与えるために数などを創作することがあることを指摘しました。なお彼はマカベア第一書が言及する「要塞」に関して、『古代誌』の中で、

「また王は、市中のもっとも美しい地域を焼き払い、城壁を取り壊した後で、市の下町の一部に要塞を建設した。王がそこを選んだのは、そこが神殿を容易に見下ろせるほど高かったためであるが、高い城壁と塔とで要塞化すると、その中にマケドニア人の守備兵を駐留させた。ところが、守備兵が駐留したにもかかわらず、要塞の中には依然として人びとの中の不信仰で邪悪な（ユダヤ人の一部大衆）が残っており、彼らの手によって、市民たちは、いろいろな恐ろしい事件に悩まされるこ

図6●エルサレム神殿の破壊（上）
図7●アントニアの塔（下）

とになった。」（一二・二五二）

と述べますが、ここでの彼は明らかに対ローマのユダヤ戦争中にローマ軍兵士が駐留した、神殿の中の動きを見下ろせるローマ軍の監視塔である「アントニアの塔」（図7）を思い浮かべているはずです。そこは七〇年の夏、八月の終わりに陥落いたします。

アンティオコス四世の軍隊による仕打ちはさらに徹底しております。

エルサレムの神殿、ゼウス・オリュンピオスの神殿と呼ばれるようになる

マカベア第二書六・二によれば、エルサレムの神殿はアンティオコス四世の添え名に含意されている神ゼウス・オリュンピオスの神殿と呼ばれるようになります。ということは、エルサレムの神殿に、テュロスの町辺りでつくられたゼウスの神像が持ち込まれたと想像されます。アンティオコス四世が信奉する神ゼウスがユダヤ教の「姿の見えぬ神」「無力の神」にとって代わったのです。もちろん、アンティオコス四世はゼウス・オリュンピオスをまつることで、自分がエルサレム神殿の真の支配者であること、すなわちユダヤの地の支配者はヤハウエではなくてゼウス神であり、自分がそのエピファネース（顕現者）であることを宣言したのです。

エルサレム神殿の祭壇はゼウスをまつる祭壇となります。『古代誌』一二・二五三は、マカベア第一書一・四七にもとづいて、ゼウスの神像に捧げられた祭壇の上で豚が屠殺されゼウスに捧げられたとします。祭壇の供え物が当歳の子羊や子山羊から律法が禁じている豚になります。犠牲の最終の落ち着き先は、焼き尽くす献げ物は別にして、祭司たちの胃袋ですが、ヘレニズム化した祭司たちはポークを口にしたのでしょうか、それとも断固拒否したのでしょうか。ヨセフスが書いたとされたマカベア第四書には、ポークを口にすることを拒んで殉教したユダヤ人家族が賛美されておりますが、ギュムナシオンに出入りするような祭司たちであれば、ポークが出されれば、嬉々としてそれを口にしたのではないでしょうか。

エルサレム神殿の完全敗北とそれにつづく楽しい光景

ユダヤ教の神アドナイの完全な敗北です。

もっともわたしはすでにユダヤ教の神はとっくの昔に歴史の舞台からステップ・オフし、ステップ・ダウンしていると述べておりますから（『神の支配から王の支配へ』〔京都大学学術出版会〕参照）、「ユダヤ教の神の敗北」とするのは正確でないかもしれません。「エルサレム神殿の完全敗北」とでも形容しておくのが適切かもしれません。

マカベア第二書六・四によれば、ゼウスの聖所と化したエルサレム神殿の中には商売女と遊ぶ場所がつくられます。それが「ご休憩所」とか「聖娼の間」と呼ばれたのか、それとも……その辺りの詳細はよく分かりませんが、分かることがひとつあります。それはこのような場所をつくることは、祭司たちの日常的な営みにとって、と言って言い過ぎならば、人間の日常的な営みにとって自然なことにすぎないとする理解が神殿の大祭司や祭司たちの側にもあったことです。マカベア第一書や第二書の著者はこのような状況をもたらしたアンティオコス四世に怒りをぶつけてみせますが、ヨセフスにはときに「戦争がもたらすものはいつもこんなもんよ」と高をくくる大人の諦観があります。彼はときに「戦いの法」(ノモス・トゥー・ポレムー)と言う少しばかり小難しいフレーズを使用して、自分の諦観を表現します。

アンティオコス四世の兵士たちやセレウコス王朝の首都アンティオキアなどからエルサレムにやって来るギリシア人たちもこうした施設を利用したと思われますが、エルサレムのギリシア化に賛成する土地の者たちの中にも、そこを嬉々として利用する者たちが多数いたと想像したいものです。もちろん、その最大の利用客は、そうした施設をつくることに難色などいっさい示さなかった祭司たちだと想像しなければなりません。古代地中海世界において神殿や聖所は娼婦たちを「聖娼」(ヘタイラ)、すなわち「聖なる娼婦」と格上げして祭司たちが自ら通う場所であり、第一神殿時代の神殿や聖所もそのような場所でしたから、最大のサポーターが祭司たちであったとしても驚きではないのです。

神殿娼婦たちの稼ぎなどを知りたいものです。

あ、忘れるところでしたが、イエスの愛人だったと思われる女性にマグダラのマリアと呼ばれる人物がおります。彼女はエルサレム神殿の娼婦ではありませんでしたが、ガリラヤの町で、町を通過する隊商たちを相手に客引きでもしていたのではないでしょうか。西欧のキリスト教画家たちの多くは彼女のファンで、彼女の絵をたくさん描いております。わたしも何百点という作品を見ているうちに、すっかりマグダラのマリアのファンになりました。

マカベア第二書六・七によれば、その季節になれば、エルサレム（の広場）で、ディオニュソス（バッカス）（図8、9、10）の祭が行われます。祭の参加者たちは「つたの冠」をかぶったり、葡萄の蔓や蔦がまかれたりした、先端に松かさのついたテュルソスと呼ばれるディオニュソスの杖（図11）を手にしたのでしょうから、ニコラ・プッサンや、ヴェラスケス、ルーベンス、ティツィアーノらの描く光景に近いものが見られたものと思われます。

悲惨な光景も

楽しい光景ばかりではありません。

悲惨な光景もそこには織り込まれます。

図8●バッカス神、アンティオキア出土のモザイク画（上）
図9●バッカス神（下）

図10●バッカス神（右上）
図11●ディオニュソスの杖（左下）

ユダヤ民族の一員となるのに必要な割礼が禁じられるのです。マカベア第二書六・一〇によれば、幼児に割礼を施した女たちは「布告により」処刑されたそうです。『古代誌』一二・二五六は、割礼に関しては、「他方、彼らの妻や、王の禁止を無視して割礼を施された子供たちは絞め殺され、木柱に吊るされた親たちの首もとから吊るされた」と述べます。わたしは『古代誌』の本箇所の翻訳で、ここで使用されている「木柱に吊るす」を意味するギリシア語動詞アナスタウローに「十字架に吊るす」の訳語を与える痛恨の「オー・マイ・ミステーク」を犯しておりますので、ここでそれを訂正すると同時に、わたしがイエスの処刑の仕方でも異なる理解をもつに至ったことを改めて申し上げておきます（『空白のユダヤ史』の「あとがきに代えて」を参照）。

ユダヤ教の根本となる「トーラー」（モーセ五書）の巻物の存在も否定されます。この時代、個々のユダヤ人がトーラーの巻物を所持していたなどとは想像しがたいのですが、エルサレムをはじめとする大きな町や村のシナゴーグにはトーラーの巻物は備え付けられていたと思われます。

エルサレムの神殿のトーラーの巻物はすでに押収されるか、焼却されたであろうと申しましたが、他の場所では、それは見つかり次第、町や村の広場かどこかに持ち出されて焼かれたのです。この焚《ふん》書坑儒《しょこうじゅ》の光景は、ちょうど同じころに起こった秦の始皇帝による弾圧事件（図12）や、後の時代、と言っても一三世紀以降のことですが、キリスト教徒がユダヤ教徒を迫害するときに彼らの『タルムード』を焼いた光景と重なり合うものです（図13）。

図12●秦の始皇帝のときの焚書坑儒（上）
図13●中世のスコットランドで見られたタルムード焼却の絵（下）

都エルサレムからの脱出

エルサレムに残された者たちで、ユダヤ教の慣習にしたがおうとする者たちは都を脱出しようと試みます。

都の要塞に立て籠る大勢のシリア兵たちが監視していたでしょうから、都からの脱出は夜間ひそかに行われたはずです。しかし彼らは都から脱出しても、ユダヤの他の町や村に逃れるわけにはいきません。なぜならそこでも異教の祭壇が急造され、エルサレムで起こったことが起こっていたからです。彼らにとって唯一の逃げ場となるのはユダの荒れ野（口絵3参照）しかありません。そこには身を隠すのに適切な洞穴が至る所にあります。ないのは食料ですが、ときどき人里に降りて行って、村や町などを急襲すれば解決です。対ローマのユダヤ戦争後、マサダの要塞に立て籠った者たちの食料問題解決の方法は人里の人家の急襲でした。

ユダの荒れ野の洞穴に逃げ込む他のグループの者たちが現れます。先に進んでから見るマッタティアスとその息子たちです。彼らの決起に参加する者たちです。

ヨセフスはマカベア第一書にしたがってこの者たちに言及しますが、彼はその前に、出所不明の資料にもとづいてサマリアの神殿に言及いたします。

ゼウス・オリュンピオスに捧げられたサマリアびとの神殿

サマリアの神殿もギリシアの神ゼウスに捧げられます。

マカベア第二書六・二によれば、そこも「ゼウス・クセニオスの神殿」と呼ばれるに至ります。ゼウスの神殿が誕生した以上、エルサレムに住むギリシア人たちや、シリアの町々に住むギリシア人たちが足を伸ばしたと思われますが、サマリアのヘレニズム化についての論文が書かれていないのはなぜなのでしょうか？　わたしはサマリアの町がエルサレムよりも好きなだけに、もう少し知りたいという思いをいつももちます。

ヨセフスの言及にはサマリアびとにたいする嫌悪や憎しみが相変わらず込められており、それだけに、彼のサマリアびとにたいする態度を理解するには、ここでの記述も欠かせないものとなります。

ヨセフスは次のように申します。長いですが、いくつかに分けて紹介いたします。

「ところで、ユダヤ人がこのような不幸に見舞われて苦しんでいるのを見ると、サマリアびとは、もはや彼らが自分たちと同族関係にあることや、ガリゼイス（ゲリジム）にある神殿がいと高き神の（聖所）であることなどを認めようとはせず、すでに述べたとおり、彼ら本来の性質にふさわしい行動をとるようになった。まず彼らは、自分たちがメディアとペルシアからやって来た植民者だと称した。もっともこれは事実で、彼らがこれらの民族から送り出された植民者であることに間違いない。そしてその結果、彼らは、次のような内容の書簡を携えた使節を、アンティオコスのもとへ伺候させた。」（一二・二五七―二五八）

例によって、ヨセフスは最初から、サマリアびとにたいする嫌悪をむき出しにします。困ったものです。

その嫌悪ぶりはすでに何度も言及してきましたが、それについては『古代誌』一一・一九以下、同八四以下、同一一四以下、一七四以下、三四〇以下を参照して下さい。わたしたちはすでに前掲拙著で、ゲリジム山にサマリアびとの神殿が建てられた時期をペルシア時代のある時期とし、同時に、彼らサマリアびとにも聖所をもつ聖書的な根拠があったと申し立てましたが、もしサマリアの神殿が前三世紀のはじめころまでに拡張され、それなりに堂々たるものになっていたならば、それは「いと高き神の聖所」として、エルサレムの神殿に張り合う存在としてなにかと喧伝されていたと思われますが、アンティオコス四世は一神教の「いと高き神」の全面否定論者ですから、サマリアびともまたエルサレムでのアンティオコス王による一神教の神の全否定を知れば、彼らは自分たちのいと高き神について口をつぐまざるを得なくなります。ヨセフスがここで皮肉を飛ばすのも分からないではありません。

サマリアびとの請願書

ヨセフスは次に、アンティオコス四世のもとへ送り込まれたサマリアびとの使節が携えた書簡の内容に触れます。

「王アンティオコス・テオス・エピファネース宛のシキマ（シケム）に住むシドンびとからの覚書。われわれの先祖は、当時彼らの土地を見舞った旱魃《かんばつ》のため、ある種の古い迷信にしたがって、ユダヤ人がサバトンと呼ぶ（安息）日を守ることを習慣としました。また彼らは、ガリゼイス（ゲリジム）と呼ぶ山の上に、無名の神殿をつくり、そこに彼らが適当と信ずる犠牲を捧げてきました。

さて、今や王は、ユダヤ人にたいし、その不道徳にふさわしい処罰を与えておられます。ところが、彼らと近親関係にある以上、われわれもまた彼らと同じことを行っているに相違ないと信ずる王の役人たちは、同じ嫌疑をわれわれにまでかけて、われわれをユダヤ人の巻き添えにしている始末であります。

しかし、われわれは、元来がシドンびとであり、そのことは、われわれの公的な資料によっても明白であります。

さて、以上の理由により、われわれは、恩人であり救済者である王にたいし、王が、この地の統治者アポローニオスや、王の代官ニカノールにたいして、犯罪者のユダヤ人に向けられている嫌疑をわれわれにまで及ぼして、われわれを苦しめることなどはせぬようにとの命令をお出し下さるよう請願いたします。

われわれは、彼らユダヤ人とは、人種も習慣も異にする者であり、また（かつての）無名の神殿も（今や）ゼウス・ヘレニオス（図14）という名によって知られているのであります。

なお、王がこの請願をお許しになれば、われわれは、今後、安んじてそれぞれの職務に精励することができ、その結果、王の歳入の増加をはかることも可能になると信じております。」

サマリアびとのこのような請願にたいし、王は、次のような返事を書いた。

「王アンティオコスよりニカノールへ。

シキマ（シケム）に住むシドンびとは、同封のような書簡を（予に）提出した。すなわち、彼らにより送られてきた者たちは、予の友人たちと開いた会合において、彼らは現在ユダヤ人に向けられている非難や告発とはいささかの関係もないこと、そしてギリシア人の習慣にしたがって生活する道を選んでいることを説明したのである。

したがって予は、彼らにもはやこれらの嫌疑はかけず、さらに彼らの神殿に、その請願どおり、ゼウス・ヘレニオスの名を与えることを許可する。」

図14●ゼウス・ヘレニオスの頭部が描かれた貨幣

王はまた、その地区の統治者アポローニオスにも同じ趣旨の書簡を送ったが、それは、第一四六年の、ヘカトンバイオーン・ヒュルカニオスの月のことである。」（一二・二五八―二六四）

ヨセフスが右で引いてみせるアンティオコス四世宛のシドンびとの請願書と、それにつづくアンティオコス四世のニカノール宛の返書ですが、これらの文書は信憑性のあるものなのでしょうか？　それともヨセフスの大胆な創作なのでしょうか？

これはヨセフス研究者がこれまで繰り返し議論してきた事柄のひとつですが、わたしたちには、これらの請願書と返書はヨセフスの創作であるように思われます。

その理由をいくつか挙げてみます。

まずヨセフスが請願書の出所を明らかにしていないことです。

アンティオコス四世宛の請願書ですから、王がこの文書の出所と見なさなければなりませんが、このような請願書が、たとえ機密文書でなくても、王のもとから外部に流出したとは想像しにくいのです。

二つ目の理由は、これまですでに何度も見てきたように、ヨセフス自身が、必要とあれば公文書を偽造する人物、といって言い過ぎであれば、公文書を創作する人物だからです。

そして第三の理由は、ヨセフスがこれまで繰り返し口にしてきたサマリアびと嫌悪の理由のひとつ、すなわち、彼らは「都合のいいときには自分たちがユダヤ人と同族であると言い張り、都合の悪いときには自分たちはユダヤ人とは何の血縁関係もないと言い張る」に、引用した文書の内容がものの見事に合致するからです。この一文の中に、「われわれの先祖は……ある種の迷信にしたがって、ユダヤ人がサバトンと呼ぶ（安息）日を守ることを習慣としました」とありますが、この一文はすでに問題にした『古代誌』一二・五に見られるクニドスのアガタルキデースの言葉「ユダヤ人と呼ばれる民族は……（サバトンには武器を執ってはならないとする）迷信を信じて、ときをわきまえなかったため、武器を執ってポリスを守る代わりに、それをプトレマイオスの手に引き渡したので……」と符号するものであり、それを引用してみせたヨセフスは、そこで「もっとも彼はわたしたちを、迷信ゆえに自由を失った、と非難してのことであるが」と断り書きを入れておりますが、彼がアガタルキデースに何の反論も行わず、むしろ、その批評の適切さに感じ入っている様子ですが、彼は自分の頭にこびりついて離れないこの言葉を織り込みながら、問題の一文を創作したように思われます。

ヨセフスはついでマカベア第一書に戻り、ユダの荒れ野に逃れ、アンティオコス王の強引なギリシア化推進政策に叛旗を翻した者たちを追います。

マッタティアスとその息子たち

ヨセフスが次に紹介するのは、モーダイス（モデイン）村に住むマッタティアスとその五人の息子たちです。彼らがここから先で活躍するのですから、マカベア第一書二・五にもとづく人名の列挙は止む得ないものとなります。

「また同じそのころ、ユダヤのモーダイス（モデイン）村に、マッタティアスという人が住んでいた。彼は、（ハスモン）の子、（シメオン）の子、ヨアンネース（ヨハナン）の子であって、ヨーアリボス（ヨヤリブ）の（祭司）組に属する祭司であり、故郷はエルサレムであった。

彼には五人の息子がいた。すなわち、ガッデースと呼ばれたヨアンネース、タティスと呼ばれたシモーン、マッカバイオスを呼ばれたユーダス、アウランと呼ばれたエレアザロス、およびアップースと呼ばれたヨナテースである（系図2参照）。

さて、このマッタティアスは、（エルサレムの）都がこのように、略奪をうけ神殿が冒瀆されて人びとが不幸になった事態を深く悲しみ、こうした汚辱のうちに生き長らえるよりは、祖国の律法のために死んだ方が自分たちにとってははるかにましだ、と息子たちに語っていた。」（一二・二六五―二六七）

ここでのモデイン村は、エルサレムの西方約一七マイル、リュダの東南約七マイルの所にあります（地図1参照）。

ヨセフスは、マッタティアスが「モデイン村に住んでいた。……故郷はエルサレムであった」と述べることにより、マッタティアスがモデイン村に長年住んでいたかのような印象を読む者に与えますが、マカベア第一書二・一によれば、彼はエルサレムに住んでいてそこから難を逃れてモデイン村にやって来た難民祭司です。

マカベア第一書前掲箇所によれば、マッタティアスは「シメオンの子ヨハネの子」ですが、ヨセフスはシメオンを「アサモーナイオス（ハスモン）」の子として、彼までその系図を遡らせておりますす。このアサモーナイオスの名はギリシア語訳マカベア第一書では挙げられておりませんが、ギリシア語訳のテクストになったヘブライ語テクストにはあったものだと思われます。もしそうだとすると、ヨセフスの手元にはギリシア語訳ばかりか、ヘブライ語テクストも置かれていたと想像しなければならなくなります。なお、マカベア第一書二・一によれば、マッタティアスはヨヤリブの部族に属する者ですが、ヨセフスは彼を「ヨヤリブの当番祭司組に属する祭司」としております。当番祭司には、神殿での奉仕の当番にあたれば、エルサレムの近郷のどの村や町に住んでいても、エルサレムの神殿に早朝から馳せ参じ、そこでの奉仕が要求されます。

ギリシア化はエルサレムから地方へ

アンティオコス四世によるパレスチナのギリシア化はエルサレムからはじまり、ユダヤの各地に及ぶものとなります。徐々に浸潤《しんじゅん》させるというのではなく、必要ならば力をもって強行されます。その証拠に、王の役人たちが遣わされます。

彼らは王の布告を携えるか、すでに布告が送られていたならば、その内容が徹底されようとしているかを見定めます。そして、『古代誌』一二・二五三によれば、アンティオコス四世に捧げるゼウスの神像をまつった「聖所」（テムノス）が建設されます。どこに建設されたかは記されておりません。そのため、エルサレムから離れた町や村の場合、その土地にあるシナゴーグなどが転用されたはずだと想像する研究者がおります。その想像は正しいかもしれませんが、大外れかもしれません。

マッタティアスの決起

ある日のことです。

マカベア第一書二・一五以下によれば、背教を迫る王の役人たちがモデインの村にやって来ます。彼らは村の住民たちに父祖伝来のユダヤ教を棄て、アンティオコス四世の命令にしたがって「異教の祭壇」となった祭壇に豚を捧げるよう強要いたします。

強要されれば、人は命惜しさのためにそれに従います。いつの時代でも見られるごく自然の光景ですが、そのときひとりのユダヤ人が祭壇に進み出て異教の祭壇に犠牲を捧げようとします。その場に居合わせたマッタティアスは怒りに燃え、同胞でもあるその男を祭壇上で殺したばかりか、王の役人たちをも殺し、ついで祭壇を打ち壊します（図15）。

この話をフォローしようとしたら、役人たちがモデイン村にやって来る前に、王の配下の兵士たちの一団がこの村を訪れて、異教の祭壇をすでにつくっていたと想像しなければなりません。

マッタティアスは祭壇の周囲に集まっていた同胞たちに向かって「律法にたいして熱心である者はわが後につづけ」と檄を飛ばします。彼が実際こう叫んだのかどうかは分かりません。マカベア第一書の著者の創作かもしれませんが、この書のプロパガンダ文書的な性格を考えれば、そう想像する方が無難です。もしそうだとしたら、著者はマッタティアスがセレウコス朝の王アンティオコス・エピファネースにたいして決起した瞬間をこのような言葉で想像してみせたということです。ただそれだけの話です。

マカベア第一書二・二四以下は、このときのマッタティアスの行動を単独行動であったかのように描きますが、『古代誌』一二・二七〇は「マッタティアスは、怒りに燃え、幅広の短剣をもった息子たちとともにその男に襲いかかってこれを切り捨てると、彼らに犠牲を強要した王の指揮官アペルレ

図15●マッタティアスの決起（上）
図16●マッタティアスのもとに結集するユダヤ人たち（下）

ースを、彼の連れて来た少数の兵士ともども殺してしまった」と述べて、彼の息子たちも加勢してアンティオコス四世の兵士たちをも成敗したといたします。なお、ここではマカベア第一書に見られない王の指揮官の名前アペルレースが認められますが、この固有名詞は、多分、マカベア第一書のヘブライ語テクストに認められたものだと思われます。もし、そうでなければヨセフスの創作となります。彼が固有名詞を創作する人物であることは、すでにここまでで幾度か指摘しました。

マッタティアスの熱心

ヨセフスもマカベア第一書と同じく、マッタティアスの決起の言葉を伝えます。彼はここでマッタティアスの「熱心」を歴史の先例に見られるピネハスの熱心とは比較しておりませんが、マカベア第一書二・二六は、民数記二五・一〇―一三が描く光景、すなわち天幕の中でミデヤンびとの女コズビと関係をもつか、もとうとした同胞であるサルの子ジムリを祭司アロンの孫でエルアザルの子であるピネハスが二人を追いかけ、槍でもって女の腹を突き刺し、ジムリをも成敗した光景、さらには主がそのときモーセに言ったとされる言葉、「……ピネハスはわたしがイスラエール（イスラエル）の人びとに抱く熱情と同じ熱情によって彼らにたいするわたしの怒りを去らせた。それゆえ、こう告げるがよい。『見よ、わたしは彼にわたしの平和の契約を授ける。彼と彼につづく子孫は、永遠の祭司職の契約にあずかる。彼がその神にたいする熱情を表し、イスラエールの人びとのために、罪の贖いをしたからである』」（新共同訳）を思い起こしてでしょう、マッタティアスは、「フィネエス（ピネハス）がサローム（サル）の子ザンブリ（ジムリ）にしたように、律法にたいする熱心なるところを見せた」とします。

ユダヤ教徒はしばしば神ないしはその具現であると見なすトーラーの教えにたいする熱心で聖書的一神教に固有の排他主義——おお怖い——に生きてきました。また後の時代のキリスト教徒はユダヤ教からこの熱心と排他主義を引き継ぎ、伝道における熱心で改宗に応じない異教徒たちを虫ケラ同然と見なして成敗してきました。その排他主義の思想的源流は民数記に求められるものですが、その集団的実践はマッタティアスと彼に従った者たちに認められるものです。このことはここでよく承知しておく必要があります。

マッタティアスと息子たち、荒れ野へ逃れる

マッタティアスとその五人の息子たちはユダの荒れ野に逃れます（口絵4参照）。

マカベア第一書二・二九以下によると、アンティオコス四世の指揮官たちは彼らを追って荒れ野に向かい、安息日を選んでその日に襲撃をかけます。安息日に実践される彼らの律法への熱心が裏目に

出ます。『古代誌』一二・二七四は、マカベア第一書二・三四以下の光景をパラフレーズして、「彼らは、安息日に反抗どころか、洞穴の入り口を塞ぐことすらしなかった。彼らは、そのような困難な立場に置かれても、この安息日の権威を破ることは希望せず、その日には、敵に反抗することさえ慎んだのである」と述べます。

マカベア第一書二・四二以下によると、ユダの荒れ野に逃れ、アンティオコス王の軍勢の追尾を逃れた者たちはマッタティアスとその息子たちのもとに集結し、ひとつの抵抗勢力になります（図16）。

マッタティアスとその同志たちは安息日に戦うことを是とします。律法を厳守する者たちも、安息日に武器を執らなければ滅びます。彼らは掟を破ることで自滅の可能性を乗り越えるわけです。

ヨセフスは、マッタティアスがこの議論を彼の同志たちにしたとし、「マッタティアスは、こう言って彼らを納得させたが、わたしたちの間では、以後今日に至るまで、もし必要とあれば、安息日といえども武器を執ることにしている」（一二・二七七）と述べます。もっとも安息日の戦闘行為を是とする考えは現実にはなかなか広がらず、ポンペイウスがエルサレムを包囲したときも、ユダヤ人たちはその日が安息日であったために丸腰であったのです（『古代誌』一二・四、一四・六三。ディオーン・カッシオス『ローマ史』三七・一六、四九・二二、六六・七参照）。しかしやがて彼らの中にも、ここでのマッタティアスのように現実的な判断ができるまともな者も現れはじめます。後のヘロデ時代、律法を厳守することで有名であったシャムマイは、安息日の戦闘行為を肯定し（『ミドラシ・ラバ』シフレ〔申命記〕二〇四）、そして後の時代のローマとの戦争では、ヨセフスも言うように、安息日でも武器を執るユダヤ人兵士が登場したのです（『戦記』二・五一七）。

ハシダイオイの参加

マカベア第一書二・四二によれば、マッタティアスの軍勢にハシダイオイ（またはアシダイオイ）が加わります。

この者たちは律法の遵守にかけては「超ウルトラ級の厳格主義者たち」です。安息日には「洞穴の入り口を塞ぐことすらしない」者たちです。彼らは「洞穴の入り口を塞ぐ行為」を「労働」と見なし、安息日には労働を禁じられている、それゆえ、敵が侵入してくることが事前に分かっていても、そこを塞ぐことはできないとするのです。彼らにとって大切なのは命を賭して敵と戦うことではなくて、命を賭して安息日を遵守することなのです。どこか常識的判断とは大きくずれているのです。そのずれに気づかないのです。ここが宗教的ファナティシズムの恐ろしいところで、わたしたちはここでイエスの言葉「安息日は人のためにあるのであって……」が思い起こされ、その普遍的妥当性に妙に感心してしまうわけです。

マッタティアスによる彼らハシダイオイの受け入れには最初から「はてな?」がつきますが、戦いはなにも安息日だけとはかぎりませんから、マッタティアスの軍勢にとってはそこそこの働きが彼らに期待できるのであれば、彼らの参加はそれで構わなかったのかもしれません。面白いことに、ヨセフスはここにおいても、そしてここから先でも彼らの合流には一切言及いたしません。それは彼がハシダイオイを対ローマのユダヤ戦争のとき登場したゼーロータイ(熱心党)の先駆けと見なしていたからなのでしょうか? それとも何か別の理由があったからなのでしょうか? なお、マカベア第一書によれば、彼らハシダイオイは、途中から戦線離脱で、わが道を進みます。これは容易に予測されることです。

ハシダイオイが参加してそれなりの勢力となったマッタティアスの軍勢は、荒れ野に点在する洞穴を拠点にしつつ、そこから出撃してはユダヤ(ユダ)の町々や村々を襲い、そこにつくられた異教の祭壇を取り壊し、またそこにシリアの官憲たちを恐れて無割礼のままにされている子らがおれば、ウムを言わさず割礼を施したりします。まずは身内の環境の浄化です。そしてアイデンティティの確認です。宗教的「熱心」(ゼーロス)はつねにこの二つをもとめます。

死の床でのマッタティアスによる後継者の指名

老兵マッタティアスに死期が近づきます。

マカベア第一書はその時期を特定いたしません。

『古代誌』一二・二七九は、マッタティアスが「(約)一年間彼らを指揮したのち、病に倒れた」と記します。病に倒れた……これはヨセフスの創作かもしれませんが、ヘブライ語テクストから引き出せた情報かもしれません。

マカベア第一書二・四九以下によれば、マッタティアスは五人の息子たちを枕頭に呼び集めると、次のように言ったそうです。

「今は傲慢《ごうまん》と律法違反がはばをきかすとき、
(異教の祭壇を)破壊し激しい怒りをぶつけるとき。
さあ、(わが)子らよ、律法に熱心となり、
おまえたちの心魂をわれわれの父祖たちの契約に捧げるのだ。
父祖たちがそれぞれの時代になした彼らの働きを思い起こし、
大いなる栄光と未来永劫につづく名を手に入れるのだ。

アブラアム（アブラハム）は試練の中に信仰を見出し、
（そのことのゆえに）義と認められたのではなかったか。
ヨーセーフ（ヨセフ）はその逼迫《ひっぱく》のときに戒めを守り、
アイギュプトス（エジプト）の主人となった。
われらの父祖（のひとり）フィネエス（ピネハス）は、
熱心を熱心に追い求めて
永遠の祭司職の契約を手に入れた。
イェスース（ヨシュア）はことを成し遂げて
イスラエール（イスラエル）で裁きびととなった。
カレブは（人びとの）集まりで証しをしたので、
地の相続権を手にした。
ダウィド（ダビデ）はその憐れみのゆえに
王国の王位を相続して未来永劫に至っている。
エーリアス（エリヤ）は律法の熱心に熱心であったので、
天に挙げられた。
アナニアス（アナニヤ）と、アザリアス（アザリヤ）と、ミサエール（ミシャエル）は、信じたがゆえに、炎の中から救い出された。
ダニエール（ダニエル）はそのひたぶるな心のゆえに、
獅子たちの口から救われた。
それゆえおまえたちは、どの世代にあっても、
律法に希望を託す者たちはだれでも弱ることがないことを理解するのだ。
罪深い輩の（なす）ことを恐れてはならない。
彼の栄光は糞やウジ虫と化すからだ。
彼は今日栄えるが、明日はもう消えている。
塵芥《じんかい》になって、その思惑は滅び去るからである。
（わが）子らよ、律法にしたがって男らしく、そして強くあるのだ。
おまえたちは律法において栄光化されるのだから。
見よ、おまえたちの兄弟スメオーン（シメオン）を。
わたしは彼が思慮深い者であることを知っている。
毎日、（彼の言葉に）耳を傾けるのだ。
彼はおまえたちの父親代わりとなるであろう。
ユーダス・マッカバイオスは、

若いときから腕力のある者だった。
彼はおまえたちのために軍勢の指揮官となり、
諸国民との戦いを戦い抜くであろう。
おまえたちは律法を実践するすべての者を
おまえたちのもとへ導き、
そしておまえたちの民のためにたっぷりと復讐してやるのだ。
異教徒にはたっぷりと仕返しをし、
律法が命じることに心するのだ。」

死地に赴く者が息子たちを枕頭に集めて遺訓を垂れる光景は、創世記四八・一以下に見られるヤコブの訓戒と祝福でお馴染みのものですが、その他にもいくつかの例が旧約聖書や外典・偽典文書にはあったと記憶します。

死に行く者の遺訓や祝福の開陳は、そこでの雰囲気が厳粛なものであるだけに、それだけに説得力のあるものと見なされ、それはひとつの文学形式として継承されていくわけですが、右に引いた一文もその例外ではありません。田舎祭司マッタティアスの教養ではとてもこれだけのことは言えません。これはそれなりの聖書的な思想をもつマカベア第一書の著者の創作文なのです。

ここにダニエル書への言及があることに注意を払う必要があります。

アナニヤ、アザリヤ、ミシャエル、それにダニエルは、わたしたちがすでに『南北分裂王国の誕生』（京都大学学術出版会）の第5章で取り上げたダニエル書から馴染みのあるものです。どのような経緯でダニエル書がマカベア第一書の著者の手に入ったのかを知りたいものです。

ダニエル書はマカベア戦争中か、それより少し後に書かれたものですが、その写しがマカベア第一書の著者の手元にあるのです。

ヨセフスはアブラハムからダニエルに至る民族の英雄を讃美する、マカベア第一書の著者がマッタティアスの口に入れてみせた言葉をものの見事に省略しますが、それはここに見られる詩文の完成度がそれなりに高く、これを改変することが困難であったからだと思われます。すでに前書『空白のユダヤ史』の第4章で見たように、ヨセフスは『アリステアスの書簡』に見られる物語を再話するときに、エルサレムから派遣された七二人の長老たちと王の間でなされた非常に長い哲学的な議論の遣り取りにいっさい手をつけなかったのと同じです。実際、完成度の非常に高い作品に手を加えて加工することなどだれもできないのです。

しかし、ヨセフスは息子たちに呼びかけるマッタティアスの言葉を次のように創作してみせます。

「息子たちよ、わたしの生命はまさに終わろうとしているが、わたしの精神だけは残していく。どうかおまえたちは、それを大切に守る立派な番人となり、おまえたちを生み、おまえたちを育てた人の目指したことを片時も忘れることなく、祖国の慣習を守り抜き、今や死滅の危機にある古来からの統治形態（ポリテイア）を再建してほしい。また、自分の意思であれ、他から強制されてであれ、律法や祖国を裏切る者の肩をもつことはかりそめにもしてはならない。さらに、おまえたちは、わたしの息子たるにふさわしい人間として、どのような権力や強制にも屈せず、必要とあれば、律法のためにいつでも死ぬ覚悟をもってほしい。

そして、おまえたちがそのような気持ちでいれば、それを見ておられる神は、おまえたちを忘れ給うようなことはなさらず、おまえたちの立派な行為をめでられて、おまえたちの失ったものを返して下さるであろう。おまえたちがだれをも恐れず、おまえたちの自身の慣習を尊重しながら暮していける自由を、おまえたちに取り戻して下さるであろう。

たとえ、わたしたちの肉体は死すべき運命にあっても、わたしたちの行為を人びとの記憶の中に残すことによって、わたしたちは、不死の高みにまで達することができる。わたしがおまえたちに望むのは、おまえたちがこのことを脳裏に置き、無上の栄光と最大の困難をもとめて、よし自分の生命を失うことがあってもけっしてたじろがない、ということである。

またわたしたちは、おまえたちが互いに協調していくことを、とくに望む。そして、おまえたちの中で、ある点で他よりもすぐれた者がいれば、その点に関しては他の者は互いにその者に譲るように、そうすれば、互いに能力を発揮できて（大きな）利益となるであろう。

兄のシモーンは思慮にとんでいる。おまえたちは（これからは）彼を父として仰ぎ、シモーンがおまえたちに与える忠告には必ずしたがうようにしなさい。

またおまえたちは、勇気と力のあるマッカバイオスをおまえたちの軍の指揮官としなさい。彼は、わたしたち（ユダヤ）民族の復讐をとげ、敵を処罰するだろう。そして軍を、公正で敬虔なものとしなさい。そうすればおまえたちの威力は増すだろう。」（一二・二七九―二八四）

少しばかり解説しておきます。

ヨセフスがマッタティアスの口に入れた一文の最初のパラグラフの中に彼の言葉として「祖国の慣習を守り抜き……古来からの統治形態を再建してほしい」とあります。わたしたちは前掲拙著の第5章で、ヨセフスがアンティオキアの市民が古来からの生活習慣を維持できるようにローマ皇帝ドミティアヌスに訴えているのを繰り返し見ましたが、この一文もそのコンテクストで読むことが可能であり、その方がよりナチュラルであるかも知れません。もしそうなら、次のパラグラフの中の「それを見ておられる神は……おまえたち自身の慣習を尊重しながら暮らしていける自由を、おまえたちに取り戻して下さるであろう」は、そのために彼らが払う努力にたいする神の保証を述べたものですが、その保証が実現されるのは皇帝の腹次第であることを、ヨセフスが前掲拙著の第5章におけると同じく、皇帝ドミティアヌスに訴えていると理解することができるようになります。

第三パラグラフに認められる肉体の不死についてですが、ヨセフスは、ファリサイ派のOBとしての彼自身の見解をマッタティアスの口に放り込んでおります。肉体の復活の思想がユダヤ教の一部に入り込んだ早い時期の文書はマカベア第二書でしょうが（七・九、一四、二三、三六）そもそもモーセ五書のどこにもそれについては書かれていないのです（拙著『旧約聖書続編講義』リトン、八三頁参照）。ヨセフスはその理解を踏まえた上で、肉体は滅びるが、わたしたちの律法遵守のための行為は人びとの記憶に残され、それがとりもなおさず「不死の高み」に達すると言っているらしいのです。本当かな？

マカベア第一書二・六九によると、マッタティアスは枕頭に集まった息子たちにこう述べた後、彼らを祝福して息を引き取ります。

マッタティアスはモデインにある父祖たちの墓に葬られます。そのさい「全イスラエール（イスラエール）は彼の死を深く悼《いた》んだ」そうですが、祝福と先祖の列に加えられるための埋葬、そしてそれにつづく全国民の哀悼は創世記のヤコブの場合と同じ文学的パターンです。

『古代誌』一二・二八五は、マカベア第一書に見られない詳細を付け加え、マッタティアスが息子たちにこのように語った後、「神が彼らの同盟者になられるよう、また人びとがもう一度かつての生き方を取り戻せるように祈った」とします。この一行を前掲拙著で繰り返し行ったわたしたちの議論をもとに読み直してみると、そう簡単には見過ごすことのできぬものとなります。ヨセフスはここでも、彼が想定する『古代誌』の読者のひとりローマ皇帝ドミティアヌスを念頭において、離散のユダヤ人、なかでもアンティオキアのユダヤ人市民にとって重要なのは古来からの生活様式、すなわちトーラーに基づく生活様式であり、皇帝はそれを彼らに保証してやって欲しいとする真摯《しんし》な願いを吐露しているからです。

マカベア第一書二・七〇によると、マッタティアスが亡くなったのはセレウコス暦の第一四六年です。それは前一六八―一六七年です。ヨセフスでも同じです。

新指揮官ユーダス・マッカバイオスの登場

マッタティアスの指揮権を継承したのはユーダス・マッカバイオスです（図17）。長男でないところがみそです。

最初に紹介したマッタティアスの息子たちの年齢による序列によれば、彼は第三位の者です（系図2参照）。添え名のマッカバイオスについては、いくつかの語源的説明が可能です。たとえば、ある研究者は、ユダが槌でたたくようにしてシリア軍を撃退したことから、それは槌を意味するマッケベツに由来すると説明します。またある研究者は、ユダの頭が才槌頭《さいづちあたま》であったと想像して添え名の語

図17●ユーダス・マッカバイオス

源をヘブライ語のマッカバーに求めます。

マッタティアスの息子たちを見る目は確かであったようです。

ユーダス・マッカバイオスは大活躍をするからです。彼は、ヨシュア、ギデオン、そしてダビデにつづく「偉大な戦士」となります、少なくとも聖書にもとづくユダヤ民族史の上では（図18）。

マカベア第一書三・二以下は、マッタッティアスの指揮権を引き継いだユーダス・マッカバイオスを賛美する詩文ではじまります。ヨセフスはそれを省略し、サマリア知事アポローニオスが率いてきた一軍を相手にしたユーダス・マッカバイオスの勝利から物語をはじめます。

マッカバイオスはシリアの将軍セーローンを相手にしてベテホロンの上り坂と呼ばれるパレスチナの戦略史上有名な場所で勝利を収めます。小さな軍勢が大きな軍勢を相手にして勝利したようです。ヨセフスは、「敵に打ち勝ちその支配者となり得るのは、数ではなく、神への信仰にある」（一二・二九〇）と申します。『戦記』や『自伝』によれば、ガリラヤでの指揮官であったヨセフスは、しばしばこれに類したことを口にしていたようですから、これは彼の信念の一部になっていたものであろうかと思われますが、ここでの「勝利」に込められたニュアンスは、マカベア第一書三・一六―二二に認められるそれとは大きく異なるものです。なおシリア軍には「信仰のまったくない者たち」（アセーボイ）が加わっておりました。彼らはパレスチナの「ヘレニズム化推進万歳派の者たち」で、エルサレムの要塞に立て籠りシリア軍兵士とともに神殿に対峙していたユダヤ人たちです。

図18●ユーダス・マッカバイオスの勝利（上）
図19●勝利者ユーダス・マッカバイオス（下）

ユーダス・マッカバイオスの勝利はつづきます（図19）。

マカベア第一書三・三三以下によると、アンティオコス四世はセーローンの軍勢が敗北したことを聞いてユーダス・マッカバイオスとの戦いに本腰を入れますが、王自身にはペルシア遠征が控えております。そこで王は、親族のひとりであるリュシアスと呼ぶ人物に政務を代行させ、また息子の養育を依頼してペルシアに向かいます。

リュシアスは三人の有力な指揮官を選び、彼らに大軍を授け、「ユダヤ民族を絶滅せよ」という王命を叩き込んだ上で軍団を進発させます。その大軍とは四万の兵士と七〇〇〇の騎兵ですが、ここには数の上ではなはだしい誇張があります。そのことは後方でのロジスティクス、すなわち食料調達や武器や弾丸（石弾）の調達、陣営の設営や天幕の設置、穴でも掘ってつくった簡易トイレの設置などに要する人員の数からして四万と七〇〇〇などという数字があり得ない噴飯ものの数であることが分かります。では、なぜマカベア第一書の著者は、このような誇張を臆面もなく書くことできるのでしょうか。

その理由はいたって簡単です。

ユーダス・マッカバイオスの率いる軍勢はたとえ小規模のものであっても神が同盟者であり、神が同盟者である以上、敵側の規模は大規模な方がいいのです。大規模な敵の勢力に打ち勝つことによって、神が同盟者であったことが立証できると考えられるからです。わたしなどはこのような数に直面すると、ローマ軍の一軍団の兵力やローマの属州知事たちが提供できる補助軍団のマクシマムな兵力を思い起こしながら、聖書などで挙げられた数字を「まあ、これは一〇分の一が適当だな」とか「まあ、これは一〇〇分の一がまともなところだな」とかぶつぶつ言いながら切り下げて、現実味のあるものにいたします。一〇〇〇分の一にしてみることもあります。

さて、リュシアスが派遣した軍勢の道先案内人となったのは、エルサレムの要塞に立て籠るユダヤ人たちです。その軍勢はエマウスと呼ばれる町の前の平原に幕舎を張ります。ユーダス・マッカバイオスは古式に則って神に助けをもとめますが、マカベア第一書三・五八以下によれば、彼はそのとき自軍の兵士たちに向かって、「おまえたちは腰帯をしっかりと締め、力ある子らになり、われわれとわれわれの聖所を滅ぼそうとわれわれに向かって集結しているこれらの異教徒どもと戦う準備を早朝になすのだ。われわれの民と聖所に災禍がおよぶのを（黙して）見ているよりは、戦って死んだほうがましだ」と檄を飛ばします。もちろん、この檄はマカベア第一書の著者が想像して創作したものでありますユーダス・マッカバイオスが口にしたものであるという保証はどこにもありません。

『古代誌』は、この檄文を大幅に書き改めます。

「同志よ。おまえたちにとって、今ほど勇気や危険の蔑視を必要とするときはない。なぜなら、今おまえたちが勇敢に戦えば、おまえたちは、それ自体が万人に愛されている自由を回復し得るばかりか、おまえたちが望んでいる、神に崇敬を捧げる権利すら与えられるからである。すなわち、おまえたちがこの自由を回復し、幸福で祝福された生活を取り戻すか——彼が言おうとしたのは、律法と父祖の慣習に合致した生活のことである——あるいは、卑怯未練《ひきょうみれん》な戦いの後に、恥ずべき運命を甘受して、おまえたちの民族の子を根絶やしにするか、それは、現在のおまえたち自身にかかっている。だから、どうか奮い立ってほしい。そして、もしおまえたちが、自由、祖国、律法、宗教などの尊い目的の為に（死ぬならば）おまえたちは永遠の栄光を獲得することになるということを堅く信じてもらいたい。では、（戦う）準備をして、それぞれの決意をかためよう。明け方には、もう敵と向かいあっているのだ。」（一二・三〇二―三〇四）

ここには精神の高揚感《こうようかん》が認められます。

このスピーチはヨセフス自身がガリラヤで、ローマ軍を相手に出撃する自軍の兵士たちを前にして口にしてもおかしくないものです。彼は、多分、こんな調子のアジ演説を何度もしたはずです。律法と父祖の慣習に合致した生活を送ることができれば、ユダヤ民族は幸福で祝福された生活を享受できるというのです。

ここで今一度、ヨセフスが『古代誌』一・一四のはしがき部分で口にした言葉を記します。それは「神のご意思に率直にしたがい、わたしたちのすぐれた律法に違反すまいとつねにおそれ慎んでいる者は、すべてにおいて自己の期待以上の成果をあげ、同時に神からその褒賞として祝福をたまわるということ、これに反し、万一にも律法の遵守を疎かにすれば、そのとき人は、実現できることも実現できなくなり、また、追い求めるせっかくの幸福も、結果的には、すべて、取り返しのつかない大きな災禍となって返ってくる」というものです。

律法の遵守こそはユダヤ民族の者に幸福な生活を保証する。

わたしたちにしてみれば「本当かな」と半畳を入れたくなります。そもそもユダヤ民族の大半の者たちがトーラーの内容など熟知しておらず、「それって何?」の状態に置かれていたと想像されますから、これまた半畳を入れたくなりますが、それはともかく、ここではまた、すでに見たように、パリサイ派OBとしての死生観、すなわち人間だれでもいつか死ぬ運命に置かれているが、「自由、祖国、律法、宗教(神への敬虔)などの尊い目的のために(死ぬならば)」、それは永遠に人びとの記憶にとどめられ、その記憶自体は死ぬことがないとなります。そこには「永遠の栄光」を獲得することになるという死生観が認められます。これはそれなりに合理的な思考です。パリサイ派の者たちの大半は合理的な思考法を幾分か身につけていた、というのがわたしのパリサイ派理解の根本にあるものです。ヨセフスは、以上の創作檄文《げきぶん》にたいして、しれっとした調子で、「以上はユーダスが彼の軍隊を励ますために語った言葉である」(一二・三〇五)と嘯《うそぶ》いているのはご愛嬌です。

ユーダス・マッカバイオスの軍勢は劣勢にもかかわらず、リュシアスの派遣した三人の指揮官のひとりゴルギアスの率いる軍勢に奇襲攻撃をかけて勝利を収めます。

リュシアス、自軍の敗北に愕然とする

マカベア第一書四・二六以下によれば、リュシアスはゴルギアスの軍勢の敗北に愕然《がくぜん》とします。アンティオコス四世の「ユダヤ民族を絶滅せよ」の命令が実現されなかったからです。王が遠征から戻ってきたら「さあ、大変」の事態になります。そこでリュシアスは、その翌年、すなわちセレウコス暦の第一四八年（前一六五―一六四）に、「大軍勢」を自ら率いてユダヤの地に攻め込みます。しかし彼は、ベテスルの町でユーダス・マッカバイオスの軍勢に敗北してアンティオキアに撤退します。ここでのリュシアスの「大軍勢」は六万の精兵と五〇〇〇の騎兵からなる兵力だったそうですが、もちろん、この軍勢の数も先に見た兵力と同じくマカベア第一書の著者の恣意的な誇張です。少数の軍勢がリュシアスの軍勢に打ち勝ったことを強調するための誇張ですので、実際には数百くらいがマクシマムであったように思われます。

マカベア第一書四・三五は、撤退の理由をリュシアスが「彼の（軍勢の）隊伍の乱れを（見て）、他方ユーダス（・マッカバイオス）の軍勢が勇猛《ゆうもう》果敢《かかん》となり、生きるにも死ぬにもひたぶるに（その）準備をしているのを見て」としますが、ヨセフスは、リュシアスが「ユダヤ人の精神を目の当りに見、

彼らが自由人として生きていけなければ、（躊躇なく）死ぬ覚悟をしているのを知り、彼らのこの必死の決意こそは力（の根源）であると恐怖を感じた」（一二・三一五）とします。

ここでの「自由人」（エレウテロイ）は、「奴隷」（ドゥーロイ）の対立概念として捉えるのではなくて、ヨセフス特愛の語彙のひとつとして捉えたいと思います。ユダヤ民族の者は律法を遵守して自由人として生きなければならないが、そのためには彼らに父祖伝来の生き方を選択できる「自由」（エレウテリア）が与えられねばならず、事実ユダヤ民族の者は、ディアスポラの地に住もうがパレスチナの地に住もうがそれを待望している、そのためには戦うことが前提としてあるのであり、ヨセフスはその「自由の保証」を『古代誌』の読者のひとりになると想定するローマ皇帝ドミティアヌスに期待しているのです。

ユーダス・マッカバイオスの軍勢は連戦連勝の負けなしです。

「破竹の勢い」とはこのことです、少なくともマカベア第一書によれば。

マカベア第一書四・三六によると、ユーダス・マッカバイオスはリュシアスの軍勢がアンティオキアに撤退したのを見ると同志を集め、彼らに向かって「見よ、われわれの敵どもは粉砕された。さあ、上って行って、聖所を清め、（それを神に）奉献しよう」と呼びかけます。ヨセフスも似たようなことを言います。「神は、わたしたちのために、かくも多くの勝利をもたらされた以上、エルサレムへ上り、神殿を清めて、慣例となっている犠牲を捧げるのがわたしたちの義務である」（一二・三一六）と。

ユーダス・マッカバイオスらがエルサレムで目にしたものは

ユーダス・マッカバイオスとその軍勢の者たちがエルサレムに来て目にしたものは、神殿と神域の惨憺《さんたん》たる光景です。

聖所は荒れ果て、祭壇は汚され、城門は焼け落ち、神域にはぺんぺん草が生えている始末です。それもそのはず、エルサレムに住んでいた者たちは、殺されるか、そこを脱出していたかしていて、そこは「三年間」無人状態になっていたからです。エルサレムにいたのは、新たに築かれたアクラ（要塞）に出入りするアンティオコス四世の兵士たちと、ユダヤ教に背を向けギリシア文化を歓迎する、それゆえエルサレムの神殿の破壊や自然的崩壊には無関心の者たちだけですから、そこが荒れ放題になるのは当然です。

マカベア第一書四・三九によれば、エルサレムの中に入ったユーダス・マッカバイオスとその同志たちは愕然《がくぜん》とし、声を失います。彼らは次に、古式に則り、着ている服を裂き、胸を打って悲しみや、怒り、落胆を表明したそうですが、『古代誌』一二・三二七は、ここでユーダス・マッカバイオスが、部下とともに、「（しばし）声を振り絞って泣いた」ともっともらしく想像してみせます。登場人物たちを感情移入の激しい者として描くのはヨセフスの得意技のひとつです。前掲拙著の第１章で示した、バビロンからエルサレムへ帰還した者たちが神殿の棟上げ式でみせたヨセフスが描く反応を今一度思い起こして下さい（五五頁）。

神殿での清掃作業の開始

要塞内のシリア兵たちは、ユーダス・マッカバイオスとその一行の神殿入場を認めると一斉攻撃を開始いたします。

そのためユーダス・マッカバイオスとその同志たちは、後方から攻め立ててくる敵兵たちを相手にしながら、神殿の清掃作業を行います（口絵6参照）。祭壇は拭き掃除でもして穢れを取り去りリサイクル使用でもされたのかと思いきや、そうではありません。異教徒たちがそれを汚したとなれば、それは永遠に汚れたものと見なされるのです。そのため、その上で豚が供えられた祭壇は取り去られ、新しい祭壇がつくられます。

マカベア第一書四・四六は、その祭壇との関連で、「そして彼らは、石（複数形）を（主の）家の（立つ）山の中の、適切な場所にどかし、（ひとりの真正な）預言者が現れてそれら（の石）について答えてくれるまで（そのままにしておくことにした）。そして律法にしたがって何の加工も施されていない石（複数形）を取ると、以前と同じ祭壇をつくった」とわけの分からぬことを書き込みます。もちろん、マカベア第一書の研究者は、この一文を説明しようと躍起になりますが、わたしたちが想像できるのは、主の家（神殿、聖所）の祭壇が石造りであったということ、その祭壇を解体してできた石の山はばらばらにされて、キドロン（ケドロン）の谷かどこかに投棄された光景ではなく、主の家の立つ山のどこか一か所にまとめられて積み置かれたという光景です。そして、ここからさらに一歩立ち入って推理を働かせば、それは、アンティオコスら異教徒の者たちはこの上で豚を生け贄として捧げたが、本来は律法の巻物が定める生け贄が捧げられた畏れ多い、もしかして神の霊が宿っているかもしれない石であるから、棄てるべきか、保存すべきか、その判断はわれわれにはできかねる、真の預言者の判断に委ねるしかない、というものになるのでしょうが、面白いのはここで判断を委ねられた者が大祭司ではなくて預言者であることです。大祭司の信用度や信頼度はすでにガタ落ちだったことを読み取りたいと思います。

ヨセフスは、この一文がチンプンカンプンだったためか、あるいは預言者がこの時代にも存在していたと想像したためでしょう、それには触れません。

彼はユーダス・マッカバイオスが「（汚された燔祭用の）祭壇を取り壊し、鉄で刻まれていない（「のみなどでうがっていない」の意）自然石でできた新しい（祭壇）を建てた」（一二・三一八）とするだけです。マカベア第一書四・四九およびそれにしたがうヨセフスによれば、このとき神殿で使用する祭具類も新しいものに変えられたそうですが、いったいどこから祭具類は調達されたのでしょうか？　ゼウスの神像をつくったと思われるテュロスの町からなのでしょうか。そしてそのため資金の出所はどこなのでしょうか？　マカベア第一書は肝心なところには触れず、ヨセフスも推理を働かせません。

マカベア第一書も第二書も触れておりませんが、ヨシヤの宗教改革のときの清掃作業の記事（列王記下二二・一四―二三・二五、歴代誌下三四・一―二）を想起すれば、ゼウスの神像も破壊された上で、神殿の外に持ち出されキドロンの谷辺りに投棄されたものと想像されますが、マカベア第一書がその投棄について触れていないのは奇妙です。神殿娼婦たちの部屋も清められたと思われますが、それについてもマカベア第一書は触れておりません。触れてほしものに触れてくれないのですから、「ザンネンです」の連発です。

神殿の再奉献

マカベア第一書四・五二以下によれば、セレウコス暦の第一四八年（前一六四年）の第九の月の第二五日に、清掃作業の終わった神殿が再奉献されます。その日は、異教徒たちが神殿を汚した、三年前の「同じ月、同じ日」だったそうです。

同じ月、同じ日……。

この「一致」（スュンフォニア）は奇跡的な要素を示唆するものとなります。

いや、奇跡的な要素を演出するためには、意図的になされた「一致」が強調されます。

すでにここまでで繰り返し見てきたように、ヨセフスはこうした奇跡的要素を無視しますが、マカベア第一書にははっきりとそう書かれてあるためでしょう、『古代誌』一二・三二〇は、「同じ月、同じ日」の奇跡性には触れないで、偶然性を持ち出して、「偶然のことに、これが行われた日は、三年前、彼らの聖なる奉仕が、汚れた異教の礼拝形式に変えられた日であった。すなわち、アンティオコス王に荒らされた神殿は、そのまま三年間放置されていたわけである」と解説してみせ、ワンクッションを置いたあとで、同じ月、同じ日の一致に触れます。

ダニエルの預言

ヨセフスは次のように申します。

「(また) これらの災いが神殿にふりかかったのは、第一四五年、すなわち第一五三回オリュムピアドの年のアペライオスの月の二五日であり、(神殿が) 新しく改装されたのは第一五四回オリュンピアドの年、すなわち第一四八年のアペライオスの月の二五日と、まさに同じ日であった。ところで、神殿の荒廃は、四八〇年前に、ダニエーロス (ダニエル) が預言したとおりに起きた。とい

うのは、彼は、マケドニア人がこの神殿を破壊するであろう、と言っていたからである。」（一二・三二〇—三二二）

ヨセフスはここで「第一五四回オリュンピアドの年、すなわち……」と言っております。これはもちろん彼が想定する『古代誌』の読者、すなわちギリシア語を解する読者の便宜のためで、先行した『古代誌』一一・二四八の場合と同じです。ヨセフスはまたここで、『古代誌』一〇・二七五—二七六でもダニエルの預言に言及していることからも分かるように、その成就へのこだわりを見せております。ただし、すでに述べたように、また前掲拙著の第3章で説明したように、ダニエル書は前六世紀にバビロンの宮廷に移されたダニエルが主人公であるかのように装って書かれたヘレニズム時代の文学作品のひとつにすぎないものですが、彼はダニエル書のダニエルが、神殿が荒らされたときから数えて「四八〇年前」に神殿の荒廃を預言した「真に偉大な預言者」であると見なしているのです。ヤレヤレ。

光の祭

マカベア第一書によれば、この神殿再奉献の儀式は以後も想起されることになり、毎年八日間にわたり執り行われることになります。そのためユーダス・マッカバイオスはこの祝賀行事の創始者として目出たくも覚えられることになるわけですが、『古代誌』は、その行事が少なくともヨセフスの時代までつづいていたことを証して次のように申します。

「以後、われわれは、現在に至るまで、この光の祭を行っているが、この祭がそう呼ばれたのは、このような（神を礼拝する）権利などがとうてい望めそうもない（困難な暗黒の時代に、突如として差し込んだ光のようだ）と思われたからであろう。」（一二・三二五）

なおこの「光の祭」はキスレウの月、すなわちユダヤ暦の第九月の二五日から八日間執り行われるものですが、「ハヌカ（奉献）の祭」とか、「宮清めの祭」とも呼ばれております。わたしたちは前掲拙著の第2章で、プリムの祭が制定されたことも学んでおります。こちらもユダヤ人が絶滅から救われたときに、すなわち異教徒たちが絶滅の日であると「くじ」（プル）で定めた日に勝利したことを記念したものですが、『古代誌』一一・二九六を読みますと、アンティオコス四世がペルシアに遠征するにあたり政務を代行させたリュシアスには「ユダヤを征服した暁には、住民をすべて奴隷にし、エルサレムを破壊して（ユダヤ）民族を絶滅するように命じた」とありました。エステル記に見られるユダヤ民族絶滅の話はフィクションですが、こちらは歴史の中の一齣《こま》の光景であったようです。どうもユダヤ民族の歴史にはこういう一齣が多すぎるようです。

神殿の再奉献後は

ユーダス・マッカバイオスは神殿を再奉献して浮かれていたのではありません。マカベア第一書四・六〇によれば、彼はシオン山を囲んで高い城壁と強固な見張りの塔を建て――その目的はアクラ（要塞）に立て籠るシリア軍の兵士たちの動きを観察するためです――、そこに軍勢の一部を配備しますが、城壁の建設や見張りの塔の建設はそう簡単にできるものではありません。相当の期間が必要とされたに違いありません。なおここで、エルサレムだけではなく、当時のユダヤ（ユダ）の土地の町や村にとっては、その安全のためには、城壁や見張りの塔の存在がいかに大きなものであったかを覚えておく必要があります。古代世界においては、ある町や村にとって、隣接する町や村が自分たちと同じ民族の者たちのものだからと言って友好関係にあるのではなく、しばしば敵対関係に陥っております。それだけに同胞たちの襲撃に備えての自衛が必要となります。この事実は、ヨセフスの『自伝』が描くガリラヤの町々や村々がしばしば敵対関係にあるとしていることからも読み取れるはずです。そしてまた、これがわたしたちのユダヤ民族の理解を難しくしているところでもあります。

ユーダス・マッカバイオスはまた、ベッスーラ（ベテスル）の町（地図1参照）を要塞化いたします。彼は勝って兜《かぶと》の緒を締めたわけです。

「打倒ユダヤ民族」に駆り立てたものは

マカベア第一書五・一以下によると、周辺の異民族の者たちは、神殿が再奉献された話を聞くと「打倒ユダヤ民族」の行動を起こしたそうです。彼らを行動に駆り立てたのは、神殿に城壁がめぐらされ、見張りの塔が建てられたことにより神殿それ自体が要塞となり、そこから来る恐怖だったと思われます。彼ら異民族の者たちは、自分たちの中の寄留のユダヤ人たちを殺害したり、共同体から追放したりします。それにたいしてユーダス・マッカバイオスは出撃を繰り返しては反撃を加えますが、ガリラヤをはじめとする各地から、異民族の者たちが兵を挙げたという報告が入ります。もはやユーダス・マッカバイオスとその軍勢だけでは対処できるものではありません。タッシ（ヨセフスではタティス）の添え名をもつマッタティアスの次男のシモーンと、アプフース（ヨセフスではアップフース）の添え名をもつ五男のヨナテースが歴史の舞台に踊り出てきます（系図2参照）。

シモーンのガリラヤ遠征

マカベア第一書五・二〇以下によれば、総指揮官であるユーダス・マッカバイオスはシモーンに三〇〇〇の軍勢を与えてガリラヤへ向かわせ、その地の同胞を救出させます。彼自身はヨナテースと一緒に八〇〇〇の兵士を率いてガラアディティス（ギレアデ）（地図1参照）に向かいます。ここで資料に挙げられている兵力の数やその他の箇所で挙げられている数には、すでに繰り返し見た四万とか六万とかいう数の誇張と同様、はなはだしい誇張があるように思われます。

ユーダス・マッカバイオスとヨナテースのギレアデほかでの戦闘

マカベア第一書五・二四以下によれば、ユーダス・マッカバイオスとヨナテースは、ヨルダン川東の山地の町ギレアデ（図20）に閉じ込められている同胞たちの救出に成功します。資料となるマカベア第一書や、それにもとづくヨセフスの再話を読んでおりますと、ここでのユーダス・マッカバイオスとヨナテースは、カナンの地に入るにあたり、「息するものをすべてブッ殺せ」と神によって命じられるヨシュア記のヨシュアではなかったかと錯覚しますが、同時にそれにはヨシュアとは異なり、律法への熱心が人を狂気に駆り立て、そして勝利でもすれば、それは神によって与えられたものだと錯覚することが刷り込まれます。神の律法への熱心は実は救いのないものになります。

『古代誌』によれば、

「こうしてシモーンは、……敵を潰走させると、プトレマイオスの町の門まで追いつめ、その約三

図20●現在のギレアデ（右上）
図21●アンティオコス４世の死（左下）

〇〇〇名を殺した。」（一二・三三四）

「彼（ユーダス・マッカバイオス）は、ボソラの住民を急襲して町を占領すると、男や交戦能力のある者をすべて殺した後、町に火を放った。」（一二・三三六）

「ついで彼（ユーダス・マッカバイオス）は……そこ（メラの町）を占領すると、男たちすべてを殺し、町を焼き払った。」（一二・三四〇）

「ユーダス（ユーダス・マッカバイオス）は、この町を占領すると、彼らを虐殺し、神域を焼き払った。すなわち彼は、実に多種多様な手段を用いて敵を殲滅したのである。」（一二・三四四）

「彼ら（ユーダス・マッカバイオスとヨナテース）は、あらゆるものを焼き払って道を拓いたが、死者の数があまりにも多かったので、死体の上を歩かねばならないほどだった。」（一二・三四七）

そしてこれらの勝利の結果はどうかというと、「ハレルヤの凱旋」です。

「彼らは、そこから凱旋した。そしてハープを鳴らし、頌歌をうたい、さらに勝利を祝うときの習慣である歓喜の行事を行いながら、ユダヤ（の地）に入った。」（一二・三四九）

ヤレヤレ。わたしたちは天を仰いで嘆息するしかありません。

アンティオコス四世の死とアンティオコス五世の即位

わたしたちはすでにマカベア第一書三・三一以下で語られているアンティオコス四世エピファネースがペルシアへの遠征のためリュシアスに政務を代行させたばかりか、自分の息子アンティオコス五世――アピアーノス『シリア戦争』四六、六六によれば、当時息子は九歳でした――の養育を任せた話に触れましたが(『古代誌』一二・二九五以下)、以下で語られるのはその続きとなるものです。

マカベア第一書六・一以下は、ペルシアのエリュマイスと呼ばれる町に入城したアンティオコス四世について報告します。

王がそこに赴いたのは、その地の神殿にアレクサンドロス大王が残した武具などの財宝があると聞いたからです。もちろんこの手の話は、前掲拙著の第3章で学んだ「アレクサンドロス・ロマンス」の類いのひとつであったと思われますが、アンティオコス四世はそれを略取しようとします。しかし、その目論見《もくろみ》は市民たちの抵抗にあって失敗し、町からの撤退を余儀なくされますが――具体的な撤収先は明記されておりません――、そこに使者がやって来て、アンティオコス四世がユダの地に派遣したリュシアスの軍隊が敗走し、彼がエルサレムの神殿につくった祭壇が取り壊され、城壁がめぐらされたことなどが報告されます。王は自分の計画が失敗したことに衝撃を受け、病に伏し、そのときはじめて自分の死期が迫っていることを自覚し、エルサレムでなした悪事を悔い改めます。

アンティオコス四世は友人のひとりフィリッポスを呼び寄せると、王国全土と息子アンティオコス五世を彼に託します。マカベア第一書三・三三によれば、アンティオコス四世はすでにリュシアスに国務と息子の養育を委ねておりますから、当然のことながら、リュシアスはフィリッポスの登場を予想し警戒します。

アンティオコス四世はシリア暦の第一四九年（前一六五―一六四年）に亡くなります（図21）。マカベア第二書九・一以下は、アンティオコス四世の死を「迫害する者の死」という、後のキリスト教徒が好んで用いることになる文学的パターンにしたがって記述しております。リュシアスは、王の死を知ると、王の子アンティオコス五世にエウパトールの添え名を与えて直ちに王と宣言します。

ヨセフスもマカベア第一書にしたがってアンティオコス四世の遠征失敗について書き記しますが、細部を埋めているように見える箇所があります。マカベア第一書はエリュマイスの神殿の名を明らかにしておりませんが、彼はそれを手元に置いたポリュビオス（前二〇〇―一二〇）の『歴史』をもとに「アルテミスの神殿」（一二・三五四）と特定します。そして彼はアンティオコス四世の死因についてポリュビオスの説明に反論を加えます。これは明白に本文から逸脱した箇所です。

「……わたしは、良心的であるメガロポリスのポリュビオスが、（その著書で）アンティオコスは、ペルシアのアルテミスの神殿の略取を望んだため、（その神殿で）死んだのだ、と述べているのには

驚かざるを得ない。なぜなら、ある（悪）事を望んでも、それを実行に移していなければ、（神によ
る）処罰の対象とならないからである。しかし、たとえポリュビオスが、アンティオコスの死んだ
理由をそのように考えたとしても、（事実は）彼が、エルサレムの神殿で瀆神的な略奪を行ったた
めに（神に罰せられて）死んだ、という公算のほうがはるかに高い。ともあれ、わたしはこのメガ
ロポリスびとの言う理由のほうがわたしの挙げた理由により真実性があると考えている方たちと、
この問題について争おうなどとは思っていない。」（一二・三五八―三五九）

ヨセフスはここでアンティオコス四世の死因の真偽について、ポリュビオスの挙げる理由と争うつもりはないと述べておりますが、そこでの一文は、すでにこれまで何度も見てきたように、奇跡を合理的に説明したあとで、その真偽のほどを読者の判断に委ねると申し立てる定式に類似したものです。彼にとって大切なのは歴史の真実ではなくて、真実性なのです。真実性が歴史性を保証するのです。

ユーダス・マッカバイオス、エルサレムのアクラを破壊する

アンティオコス四世は滅んでくれましたが、再奉献されたエルサレム神殿にとって目の上のたんこぶとなるのは彼がエルサレムの下町につくったアクラです。このアクラの規模を具体的に示すものは

どこにも見られませんが、マカベア第一書六・一九は、ユーダス・マッカバイオスがこのアクラを壊滅しようとして「すべての民」を呼び集めたと記しておりますので、またこのアクラがエルサレムの下町に建てられたことで大勢の住民が逃げ出しておりますので、その廃屋となった家屋をも要塞の一部に転用できたことなどを考えれば、このアクラが、過去「三年」の間に、簡単には攻略などできない堅牢・強固なものにされていたと想像できます。

ユーダス・マッカバイオスは破城槌を用意いたします。

アクラが包囲されたことやベテスルの状況を新王アンティオコス五世エウパトールに報告する者がおります。マカベア第一書六・三〇以下によれば、王は「歩兵一〇万、騎兵二万、戦闘用の象三二頭」を率いて出撃したそうです。もちろん、ここで挙げられている数字は、これまで見てきた数字と同様、とんでもなく誇張されたものです。ここでの兵力は五〇〇〇近くの兵力からなるローマの正規軍の二〇軍団に相当するものです。ここで戦闘用の象がはじめて登場いたしますが、確か、わたしの記憶に間違いがなければ、マカベア第三書にも戦闘用の象が登場いたします。アフリカ象であったのか、それともインド象であったのか、それも知りたいところですが、象使いがインド人であったとされておりますので、象はインド象ではなかったかと想像されます。

アンティオコス五世は大軍を率いてベテスルに向かい、ユーダス・マッカバイオスが幕舎を張っているベツザカリアに迫り、その地で彼を相手に戦います。マッタティアスの四男で、ユーダス・マッカバイオスの弟であるエレアザロスは象の下敷きになって落命いたします（図22）。彼は胸当てをつけた象に王が乗っていると信じ込んでその下に潜りこんでしまったのです。ヨセフスもアンティオコス五世エウパトールの軍勢とベテスルでの戦闘をマカベア第一書に忠実に、しかし彼自身の言葉で再話いたします。

アンティオコス五世の軍勢、神殿攻撃を開始しようとする

マカベア第一書六・五一以下によると、アンティオコス五世エウパトールはまたエルサレムの神殿を包囲し、そこを本格的に攻撃します。ユーダス・マッカバイオスの軍勢もそれに応戦します。しかし、神殿で戦う者たちへの食料補給が滞りはじめます。ユダヤ暦によれば、その前年が安息年であったために、全土が一斉に休耕地状態となり、そのため収穫物はなく、備蓄したものも尽きていたのです。腹がすいては戦さができません。神殿を守ろうとしたユダヤ人たちの多数は神殿を棄ててどこかに逃亡してしまいます。ユダヤ民族を相手にする戦闘を有利に展開させるにはまず安息年を選ぶことで、もし安息年でなければ、戦闘開始の日を安息日とすることです。

ところがここで予期しない事態が展開するのです。

図22●エレアザロスの死（上）
図23●デーメートリオス１世ソーテールの貨幣（右下）
図24●セレウコス４世（左下）

アンティオコス五世、和平の協定を結んだ後、城壁を破壊する

マカベア第一書六・五五以下によると、リュシアスと王アンティオコス五世エウパトールのもとに、フィリッポスがペルシアとメディアから戻り、国を乗っ取ろうとしているという報告が入ります。リュシアスにとってフィリッポスは今や明白な敵です。彼は一日も早くアンティオキアに戻り、帰還するフィリッポスを迎え撃たねばなりません。そこで彼はユーダス・マッカバイオスに和平を申し入れます。神殿の砦に立て籠った者たちがそこから出てきます。ところが王は和平の誓いを反古《ほご》にし、神殿の立つ山に巡らされた城壁を破壊します。そしてそのあと、リュシアスは（王を伴って）急遽アンティオキアに戻り、すでにそこを支配しているフィリッポスと戦い、町を掌握《しょうあく》するのです。

大祭司メネラオス（オニアス）、処刑される

ヨセフスもマカベア第一書にしたがって、ことの展開を再話いたします。

彼はそこではマカベア第一書には見られない、しかしマカベア第二書一三・四以下には見られる、大祭司メネラオスの処刑に言及いたします。すでに見たように、メネラオスはエルサレムのヘレニズム化を推進する一派の指導者です。

「この後（「エルサレムの城壁を破壊した後」の意）、王（アンティオコス五世）は、メネラオスとも呼ばれた大祭司オニアスを伴ってアンティオキアへ帰還した。これはリュシアスが王に、もしユダヤ人がこのまま平静をたもって王に迷惑をかけないことを望むならば、メネラオスを殺すよう忠告したからである。リュシアスによれば、彼こそ、王の父（アンティオコス四世）を説得してユダヤ人に父祖伝来の宗教を放棄するよう強要させ、その結果、もろもろの禍をもたらした人物であった。そこで王は、（リュシアスの言葉を受け入れて）メネラオスをシリアのベロイアへ送り、（そこで）処刑した。メネラオスは、大祭司として一〇年間その職にあったが、権力を独占しようとして、国民に彼らの律法を破るように強制した、邪悪で不敬虔な男であった。メネラオスの死後、大祭司に選ばれたのはヤケイモス（ヤキム）とも呼ばれたアルキモスである。

さて、王は、フィリッポスがすでに政府を乗っ取っているのを知ると、彼に戦争をしかけてこれを破り、捕虜とした後処刑した。

なお、すでに述べたように、父の死のときにはまだ幼児にすぎなかった大祭司（オニアス三世）の子オニアス（四世）は、王が叔父のメネラオスを殺し、大祭司職をアルキモスに与えたのを見ると——アルキモスは大祭司の家系ではなかったので、オニアスは大祭司職を自分の家系から他の家系へ譲るようにリュシアスから強制されたことになる——、エジプトの王、プトレマイオスのもとへ逃亡した。そして彼は、王と王妃クレオパトラから名誉ある待遇を受け、ヘーリオポリス州に土地を与えられて、そこに、エルサレムの神殿を建設したが、その詳細は適当なところで再説しよう。」（一二・三八三―三八八）

この一文によると、アンティオコス五世が大祭司オニアスを伴ってアンティオキアに帰還したかのようですが、アンティオコス五世はまだ少年ですから、たとえ記述のとおりだとしても、そう使嗾《しそう》したのは摂政格のリュシアスであったとしなければなりません。

しかし、なぜリュシアスはフィリッポスとの一戦が予想されるアンティオキアに大祭司メネラオス（オニアス）を同道させたのでしょうか？　しかもこの一文は、リュシアスは大祭司オニアスをユダヤ人にもろもろの災禍をもたらした元凶《げんきょう》であったと申し立てておりますが、そのリュシアスはここまでで親ユダヤ的な働きのひとつでもしたのでしょうか？

何もしてはおりません。

それだけに大祭司オニアスをアンティオキアへ同行させた記事は不可解なものとなるのですが、すでに述べたように、メネラオスはシリアのベロイアで処刑されます。ベロイアは北シリアの町で、現在のアレッポです。ここでの処刑への言及はマカベア第二書一三・四以下にもとづくもので、それによればメネラオスは凄惨な仕方で処刑されます。なんだか北朝鮮やイスラム国の粛正劇を目の前にしているようでイヤーな気持ちにさせられますが、マカベア第二書の著者はその処刑を「真に正しい報復であった」としております。著者はその処刑を「神の報復」とでも想像したのでしょう。神の報復であれば、何でも正しいのです。ヤレヤレ。

ヨセフスはオニアスの大祭司職在任期間を「一〇年間」とします。しかし、彼はセレウコス暦（あるいはユダヤ暦）のいつオニアスが大祭司職に就いたかを明らかにしておりません。そこで、一部の研究者は、話の推移からして、それをセレウコス暦の第一四〇年（前一七四―一七三年）だったと想像したりします。

アルキモス、メネラオスの後継の大祭司になる

ヨセフスは、メネラオスの後継の大祭司になった人物をアルキモスとします。文脈からすれば、アルキモスを大祭司に任命したのは、たとえリュシアスの使嗾があったとしても、少なくとも形式的にはアンティオコス五世となります。なおヨセフスは『古代誌』二〇・二三五で、このアンティオコス五世とリュシアスが、「歴史上大祭司を解任した最初の人物になった」とし、二人はオニアスの息子を後継者とせずに、「アロンの一族であるがオニアスとは家系の異なるアルキモスを大祭司にした」と述べております。

なお、マカベア第一書七・九は、アルキモスに大祭司職を与えた人物をセレウコス暦の第一五一年

にローマから帰還したセレウコスの子デーメートリオスとし、またマカベア第二書一四・三は、アルキモスがデーメートリオス一世の即位以前から大祭司であったかのような書き方をしていることも覚えておきたいものですが、その任命者がアンティオコス五世エウパトールであれ、リュシアスであれ、ユダヤ民族の大祭司職の後継者の任命がセレウコス王朝の一存でなされる事態に陥ったのです。そしてそれに抗議してでしょう、オニアス四世はエジプトに亡命してプトレマイオス王朝の庇護のもとに入ります。彼を受け入れたプトレマイオスにも思惑があります。彼は早速オニアス四世にヘーリオポリス州のある土地を下賜し、そのため彼はそこにエルサレムの神殿を模した神殿をつくり、エルサレムの神殿と対抗することになります。その詳細は先に進んでから詳述しますが、今やエルサレムのユダヤ教は大きな危機に直面するのです。

ローマから帰国したデーメートリオス一世、王位に就く

ここでまたまた歴史の新しい展開です。セレウコス四世の子デーメートリオス一世ソーテール（図23）が歴史の舞台に登場するからです。この人物は、父のセレウコス四世（図24）が前一八七年に即位したとき、人質としてローマへ送られますが——ローマはしばしば属州に王を立てるときにはその子息たちを、王になる者が反逆しない

ように担保としてその者の子息を人質として取りました。非常に賢明です――、前一七五年に父王が暗殺されて叔父のアンティオコス四世が即位したときも、また前一六四年にアンティオコス五世が即位したときも釈放されることはなく（系図1参照）、結局彼はポリュビオスの助けでローマを脱出するのです（ポリュビオス『歴史』三一・一一以下参照）。

マカベア第一書七・一によれば、デーメートリオス一世は「海沿いの町」に上陸し、そこで王を称します。

デーメートリオス一世が率いてきた部隊はアンティオコス五世とリュシアスを捉えて引き連れてきます。デーメートリオス一世は二人を処刑します。なお、マカベア第二書一四・一は、ローマから帰還したデーメートリオス一世が上陸した場所を「トリポリスの港」とします。ヨセフスも「シリアのトリポリス」（一二・三八九）とします。ここでの彼はマカベア第二書を参考にしたのかもしれません。

デーメートリオス一世、バッキデースとアルキモスを派遣する

マカベア第一書七・五以下（およびマカベア第二書一四・五以下）によれば、シリアの新王デーメートリオス一世のもとへは、「律法を足蹴にする者たち」も陳情にやって来て、ユーダス・マッカバイオスとその兄弟たちによる国外追放などの扱いが不当なものであると訴えます。

その陳情団を率いたのはユダヤの大祭司アルキモスです。陳情団の訴えを聞いた王は、部下のバッキデースとアルキモスを軍隊をつけて送り出し、ユーダス・マッカバイオスとその配下の者たちを殲《せん》滅《めつ》させようとします。彼らに接触するのは「ハシダイオイ」と呼ばれる律法遵守のウルトラ厳格派の者たちです。すでに見てきたように、彼らは最初マッタティアスとその軍勢の一翼を担う者たちでしたが、二四時間の律法遵守、安息日遵守を訴える彼らが、「民族の存続のためなら安息日の戦闘も可なり」とするユーダス・マッカバイオスやその兄弟たちと協調できるはずがありません。彼らはすでにユーダス・マッカバイオスやその兄弟たちとは袂《たもと》を分かっていたのです。彼らは「アロンの末裔の祭司たる男が軍隊を引き連れてやって来たのだから」と無邪気に信じて大祭司アルキモスに接触しますが、彼らの内の六〇人は捉えられて殺されてしまいます。

マカベア第一書の著者は、殺されたハシダイオイに同情的です。

著者は詩編の言葉を引いて、「彼らはあなたの聖なる者たちの肉と彼らの血をイェルーサレーム（エルサレム）の周囲で流した。ところが、彼らを葬るも者はいなかった」と言います。マカベア第一書の著者は、自身が律法遵守をうたう者で、ハシダイオイのウルトラ遵守のための非現実主義とユーダス・マッカバイオスの兄弟たちの律法遵守のための現実主義の間に置かれていることを知ります。すでに述べたように、ヨセフスは「ハシダイオイ」という用語を避けておりますが、ここでもそうです。彼はバッキデースと大祭司アルキモスのもとへ出向いた者たちを「市民たちの一部」（一二・三九五）としますが、マカベア第一書の著者が示すようなハシダイオイへの同情心などはまったくありません。彼は対ローマの戦争での戦場で、律法を遵守すると称する者たちの裏切り行為などをさんざん見聞きしているのです。

バッキデースとアルキモス、デーメートリオス一世のもとへ戻る

マカベア第一書七・一九以下によると、バッキデースはベテザイトと呼ばれる場所で宿営しますが、彼はアルキモスに軍勢を与えてアンティオキアに戻ります。大祭司アルキモスのもとにはユーダス・マッカバイオスとその勢力に抵抗する同胞たちが集結しますから、ユダヤ（ユダ）の土地は二分されているのです。アルキモスも、ユダヤの勢力に抗することができないと分かると、デーメートリオス一世のもとへ逃げ帰ります。

ヨセフスは『古代誌』で同じことを再話しますが、彼はその再話の過程で、次のような一文を挿入いたします。

「アルキモスは、自分の支配権をより不動なものにしようと願った。そして、もし人びとの感情が自分に好意的なものになるなら、より安全に彼らを支配できるだろうと考えた。そこで彼は、すべ

ての人びとを親切な言葉でもって迎え、だれにたいしても、如才のない、愛想のよい態度で話しかけた。その結果、大部分が不信仰な者や背教者であったが、たちまち多くの者を味方に引き入れることができた。しかも彼は、土地を巡察する際、彼らを自分の従者や衛兵として使い、ユーダス（・マッカバイオス）の一味は、発見しだいすべてこれを殺した。」（一二・三九八—三九九）

ヨセフスはここで人間考察ないしは人間観察の視点からアルキモスの心中に立ち入ったわけですが、それにつづく一文「しかも彼は、……すべてこれを殺した」は、マカベア第一書からは引き出せない、彼の想像力の産物です。

ニカノールの遠征とアダサでの会戦

マカベア第一書七・二六以下によると、デーメートリオス一世は「イスラエール（イスラエル）にたいして憎しみと敵意を抱くニカノールを派遣し」、イスラエルの「民を滅ぼすよう」に命じます。ニカノールは大軍を率いてエルサレムに進軍し、策略でもってユーダス・マッカバイオスを捉えようとしますが、失敗します。彼は神殿を冒瀆しますが、ユーダス・マッカバイオスとのアダサでの会戦で落命いたします。「ニカノールの大軍」の全員が剣によって倒れ、生き残った者はひとりもいなかったそうです。

ヨセフスによると、「デーメートリオスもここで、ユーダス（・マッカバイオス）の勢力の増大を放置しておくことは、自分自身の利益に反しかねないことにようやく気づいた」（一二・四〇二）そうで、そこでニカノールの派遣となるわけですが、彼はニカノールを王の「友人のうちで彼にもっとも献身的で忠実な」（前掲箇所）人物とした上で、彼をデーメートリオス一世と一緒にローマの都から脱出した人物とします。ヨセフスはここで明らかに、ポリュビオスの『歴史』三一・一四・二が言及するニカノールを念頭に置いておりますが、そこでのニカノールがここでのニカノールと同一人物である保証はどこにもないとされます。ニカノールの名を冠する人物など掃いて棄てるほどいたのです。ちなみに、ニカノールを日本語名に置き換えれば、勝正（かつまさ）とか、勝利（かつとし）、勝男（かつお）になります。

マカベア第一書七・四〇は、アダサでニカノールの軍勢と会戦することになるユーダス・マッカバイオスの軍勢を「三〇〇〇」としますが、『古代誌』は、その数を珍しくも「二〇〇〇」と控え目にした上で、ユーダス・マッカバイオスが自軍の兵士に次のような檄を飛ばしたとします。それはマカベア第一書に見られるユーダス・マッカバイオスの、神の介入の例——アッスリアの王の使者が瀆神的な言葉を口にしたとき彼らの中の一八万五〇〇〇の兵士が打ち倒されたという列王記下七・四〇一—四二の荒唐無稽な話——を引く演説内容を大きく変えるものです。その一部を引きます。

「敵の多いことに怯んではいけない。また、自分たちがこれから戦う相手がどれほどいるかを考えてもいけない。ただ、自分たちは何者なのか、また、どのような目的のために危険を賭しているのか、ということだけを心にきざみ勇敢に敵に立ち向かってほしい。」（一二・四〇九）

この檄文は、もちろん、ヨセフスがガリラヤで敵のローマ兵を襲うために出撃する自軍の兵士に向かって、戦いのたびごとに、口にした言葉です。なお、マカベア第一書は、ニカノールが率いた「大軍」の数を明らかにしておりませんが、『古代誌』一二・四一一は、ユーダス・マッカバイオスとの会戦で「逃げおおせた敵兵は、九〇〇〇名中ひとりもいなかった」と述べて、その大軍の数を想像力でもって特定いたします。

戦勝記念日について

マカベア第一書七・四三、四九によれば、アダサでの会戦は「アダルの月の第一三日」にはじまり、勝利したときには、その日を戦勝記念日にするのではなく、戦闘を開始した日を「毎年（喜びの日として）守ることに定めた」そうですが、ヨセフスは勝利した日を戦勝記念日とします。

「この勝利を得た日は、ユダヤ人にはアダル、マケドニア人にはデュストロスと呼ばれる月の一三

日であった。そしてユダヤ人は、毎年、この月にはこの勝利を祝い、この日を祭日として守ってい
る。」（一二・四一二）

マカベア第一書および『古代誌』は、ユーダス・マッカバイオスとニカノールの会戦の年には言及しておりませんが、マカベア第一書九・三は、ユーダス・マッカバイオスとバッキデースの会戦の時期をセレウコス暦の「第一五二年の第一の月」、すなわち前一六一年のニサンの月（三―四月）としているので、ユーダス・マッカバイオスとニカノールの会戦は前一六一年のある時期だったと推定されます。ユダヤ暦では、その年は閏年《うるうどし》にあたるため、アダルの月が重ねられて、「アダルの月の第一三日は、第一アダル（二―三月）の第一三日とされます。なおまた、マカベア第二書一五・三六によれば、この戦勝記念日は「民会の決議によって」祝われたそうです。ユダヤ教側の文書「メギラート・タアニート」によれば、この日は準祝日であり、ユダヤ人は悲しむことも泣くことも許されなかったそうです。そしてこの準祝日は、エルサレムの神殿が崩壊した後七〇年以降は守られることはなかったそうですから、もしこれが正しければ、これはヨセフスの時代まで続いていたとする彼の説明とは部分的に相容れないものとなります。

ユーダス・マッカバイオス、大祭司となる

マカベア第一書九・五四以下によると、セレウコス暦の第一五三年の第二月に、大祭司アルキモスは聖所の内側の仕切り壁を取り壊しはじめますが、「何かに撃たれて」仕事ができなくなり、亡くなります。

マカベア第一書は何に撃たれたのかを明白にいたしませんが、ヨセフスは「そのとき神の一撃が突然彼を襲ったため……」(一二・四一三)とします。合理主義者のヨセフスが軽々に「神の一撃」という言葉を使用したとは想像しがたく、これは後の時代のスコリアの書き込みであると想像するのが自然です。ヨセフスはアルキモスが大祭司職にあった期間を「四年間」(一二・四一四)としますが――『古代誌』二〇・二三七では「三年間」です――、その算出根拠がどこにあるのかは不明で、わたしたちを戸惑わせます。

『古代誌』一二・四一四はさらに、「彼が死ぬと、人びと(ラオス)は、大祭司職をユーダス(・マッカバイオス)に与えた」と述べております。

この一文は三重の意味でわたしたちを戸惑わせます。

ひとつはマカベア第一書がユーダス・マッカバイオスへの大祭司職の継承に言及していないからです。もうひとつは大祭司職が「人びと」(ラオス)の判断や民意で決定されるものではないからです。

さらにもうひとつは、たとえヨセフスの一文が正しいとしても、アルキモスの死後、ユーダス・マッカバイオスがすぐにその大祭司職を継承したかどうかは不明だからです。確かに、後出『古代誌』一二・四一九、四三四も、ユーダス・マッカバイオスが大祭司職に就いていたとしておりますが、同書二〇・二三七は、「ヤキモス（アルキモス）は三年間大祭司職にあって亡くなった。ところが、彼の後継者がいなかったために大祭司不在の時代が七年間つづいた」とあるからです。

戸惑うではありませんか。

それはともかく、マカベア第一書九・五七によれば、大祭司アルキモスの死で、バッキデースは撤収し、アンティオキアのデーメートリオス一世のもとへ戻って行きます。

ユーダス・マッカバイオス、ローマと協定を結ぶ？

マカベア第一書の第八章は、ユーダス・マッカバイオスが強大な軍事力を有して世界を支配しているローマの評判を耳にして、ローマと協定を結ぶに至る経緯を語ります。

そこではローマの元老院の定数が三二〇名であるとか——最初は三〇〇人から出発しました——、毎年選出されるひとりの執政官に国事が委ねられるといったローマに関する基礎知識も披露されておりますが、資料によると、ユーダス・マッカバイオスはエウポレモスとヤソーンの二人をローマに派遣します。マカベア第一書八・九に「(そこへの)旅路は非常に長いものだった」とありますから、彼らは小アシア経由で陸路ローマへ赴いたようです。

二人のユダヤ人使節が元老院で、ユーダス・マッカバイオスとその兄弟たち、ならびにユダヤの国民がローマとの軍事同盟をもとめていることを訴えると、その訴えがよしとされ、協定が結ばれます。そしてマカベア第一書は、その協定文の写しを掲げます。ヨセフスもマカベア第一書の第八章の筋書きにしたがって物語を再話し、互恵的な協定文(条約文)の写しを紹介します。

わたしたちはここでも当惑いたします。

ローマの元老院が独立国家として認知などされていない國から遣わされた二人の使節を受け入れ、演説をさせ、条約を締結することなど考えられないからです。

内容上、おかしな箇所もいくつかあります。

たとえば、ユダヤの国民がローマと戦いを交えている國に供与してはならぬもののひとつとして船舶が挙げられ、またユダヤが戦いを交えている國にローマが供与しないと約束するもののひとつに船舶が挙げられております。互恵的な条約ですから、この辺りの記述はそれなりに自然なのですが、問題は、当時のユダヤが軍船などの船舶を所有していなかったことです。この条約文はユダヤが他国から攻撃を受けた場合にはローマがユダヤを支援し、またローマが攻撃を受けた場合にはユダヤが支援を与えることになっておりますが、その後の歴史の展開で、ユダヤが攻撃を受けているのにもかかわらず、ローマが支援を買って出た形跡は皆無なのです。

この条約文の不自然なところはまだあります。それが条約文であるにもかかわらず、セレウコス王朝のデーメートリオス一世に書き送ったとされる警告文の内容がそこに含められていることです。

結局、これらの疑念を背景にこの条約文を読み直すと、これはマカベア第一書の著者によって創作されたものだと見るのが妥当となります。わたしたちはすでに、ヨセフスが条約文などの公的な文書を創作したり、その内容を変更したりする事例を見てきましたが、このマカベア第一書の著者もそのひとりなのです。なお、ヨセフスはこの条約が締結されたのは「ユーダス（・マッカバイオス）が（ユダヤ）国民の大祭司、その兄弟シモーンが（軍勢の）指揮官であったときのことである」（一二・四一九）とします。すでに指摘したように、ここでのユーダス・マッカバイオスは大祭司なのです。

バッキデースとの戦闘の再開とユーダス・マッカバイオスの落命

マカベア第一書九・一以下によると、デーメートリオス一世は再びバッキデースとアルキモスをユダヤ（ユダ）の地に派遣します。

彼らはガリラヤ経由でエルサレムへ急行しようとします。彼らはガリラヤではアルベラ（地図1参照）で宿営したそうですが、ヨセフスは、『戦記』一・三〇五や『自伝』一八八から知られるように、ガリラヤのアルベラやそこでの洞穴を熟知しております。そのため彼は『古代誌』一二・四二一で、「その地の洞穴にいた人びと」について「多くの者がそのような場所に避難していた」と、アルベラの光景を思い浮かべながら再話いたします。マカベア第一書によれば、彼らはエルサレムで宿営後、エラサでユーダス・マッカバイオスの軍勢と一戦を交えようとします。彼らの軍勢は二万の歩兵と二〇〇〇の騎兵です。もちろん、ここには数の上ではなはだしい誇張がありますが、それにたいしてユーダス・マッカバイオスの軍勢はわずか八〇〇です。多勢に無勢の、無謀な戦いです。彼はこの戦いで倒れ（図25）、その軍勢は四散いたします。

マカベア第一書九・一九以下は、ユーダス・マッカバイオスの骸《むくろ》がモデインの先祖の墓に葬られたことや、全イスラエルが彼の死を悼んだこと、服喪の期間が何日もつづいたことなどを述べ、それを次の言葉、「ユーダス（・マッカバイオス）の言葉や、彼の行った戦いや英雄的行為、彼の偉大さなど（を示す事例はこのほか）山ほどあるが、書き尽くすことなどできない。それはあまりにも多いからである」で結びます。あれっ、これはどこかで読んだ一文です。そう、ヨハネによる福音書の末尾にある言葉（二一・二五）「イエスのしたことは、このほかにもまだ沢山ある。わたしは思う。そのひとつひとつを書くならば、世界もその書かれた書物をおさめきれないであろう」です。

ヨセフスはマカベア第一書にしたがって戦闘の場面を簡潔に再話した後、次の言葉でマカベア戦争の前半の記述を終わらせます。

図25●ユーダス・マッカバイオスの死

「勇敢で偉大な戦士であり、その父マッタティアスの命令を心にとめて、同胞市民の自由のため（ユダヤ）民族を解放し、マケドニア人の奴隷の状態から彼らを救い出し、後の人びとに、もっとも偉大な、もっとも栄誉ある記憶を残した人の勇気ある行為であった。なお彼は、三年間大祭司職にあって死んだことになる。」（一二・四三三）

すでに繰り返し見てきているように、ここでの「自由」（エレウテリア）は、それによって律法にしたがって生きることが保証される自由であり、ヨセフスによれば、人びとの記憶に残る生き様こそが真の英雄の生き様だそうです。復活などの不合理を信じないヨセフスの死生観がここで改めて強調されていると見ることできます。

第2章……マカベア戦争（その二）
——ヨナテースの登場

『ユダヤ古代誌』の第一三巻です。

ユーダス・マッカバイオスは前一六〇年に倒れました。しかし、セレウコス王朝相手の戦争は継続されます。マッカバイオスが倒れた以上、以後の戦争を「マカベア戦争」と呼ぶのは売り物の不当表示のようにも思われなくもないのですが、その呼称には拘《こだわ》らないこととし、この第2章の表題を「マカベア戦争（その二）——ヨナテースの登場」といたします。

ヨセフスは『古代誌』の第一三巻の劈頭《へきとう》で「わたしが前巻で語ったことは、ユダヤ民族が、マケドニア人に征服された後、どのような方法でその自由を取り戻したか、また、彼らのために戦死した指導者ユーダス（・マッカバイオス）が、どれほど多くの苛烈《かれつ》きわまる闘争を経験したか、ということであった」（一三・一）と述べた後、物語の続きに入って行きます。そこでの主資料は前巻と同じく、マカベア第一書ですが、その他にもいろいろな非ユダヤ側の資料が用いられております。しかし、ヨセフスはなぜか使用した資料名を明らかにしません。

ヨセフスはこの第2章でエジプトに亡命したオニアス四世によって造営された「オニアスの神殿」に言及いたします。それはある言及箇所では、「エルサレムの神殿を模したもの」と書かれております。第1章ですでに述べたように、サマリアに神殿が建てられましたが、サマリア以外のエジプトにも神殿が建てられる事態に至ったのです。

一神教のユダヤ教がいくつもの神殿をもっていいはずがありません、多分。

神殿はひとつ、シナゴーグはいくつでも結構、こちらは全世界のどこにあって構わないというのがユダヤ教の理解でしょうが、神殿が三つもできてしまったのです。しかも、それぞれの神殿が、「うちこそが本家本元の神殿だ」と申し立てたのです。無力で非力である神はどの神殿を自分の在所とすればよいのでしょうか。この第1章ではこの危機をつくり出したオニアス四世のエジプト亡命とそこでの神殿造営について詳細に語ろうと思います。

ヨナテース、後継の指導者になる

マカベア第一書九・二三以下によると、ユーダス・マッカバイオスの死後、マッタティアスが残した子らの五男であるヨナテース（系図参照）が指導者に選出されます。どのような仕方で選出されたのかは不明です。

前一六〇年のユーダス・マッカバイオスの死とヨナテースの選出までの間にはかなりの時間の経過があったようですが、この間、イスラエルの各地に「律法を足蹴にする者たち」（アノモイ）が現れ、また「正義ならざることを行う者たち」が鎌首《かまくび》をもたげはじめます。いや、横行しはじめます。そしてそれに追い打ちをかけたのが大飢饉です。創世記一二・一〇以下で語られるアブラム（↓アブラハム）物語の記事からすでにして知られるように、パレスチナはしばしば飢饉に見舞われます。

「乳と蜜の流れる土地」（申命記六・三、一一・九ほか）。

これは確か、エジプトからパレスチナに侵入するときにイスラエルの子らがイメージするよう強要されたものです。これはカナンの地を指す美称であると感嘆しきりの旧約学者もおりますが、わたしに言わせれば、悪質な不動産屋まがいの惹句《じゃっく》です。何しろそこは乳も蜜も流れない土地だからです。そこはまた、津波こそないものの、地震にしばしば見舞われます。それについてはヘロデ時代を扱うときに語ります。

イスラエルにとっては大艱難・大試練のときとなります。シリアのバッキデースに有利な状況となります。

ヨナテースは兄のシモーンらと一緒にテコアの荒野（図26）に逃れ、アスファルの池と呼ばれる場所で宿営しますが、セレウコス王朝の指揮官バッキデースが彼らを追ってきます。ヨナテースらはヨルダン川を背後にしてバッキデースの軍勢を相手に戦います。この間、彼のもうひとりの兄ヨアンネースがアマライオスびとに殺されます。バッキデースらはヨナテースらとの戦闘で一〇〇〇の兵士――『古代誌』一三・一四では「約二〇〇〇」の兵士――を失い、彼らの出撃基地であるエルサレムのアクラ（要塞）に引き揚げます。わたしたちはこのアクラがすでに大規模なものになっていたと想像しましたが、バッキデースはそこをさらに強化したばかりか、ユダヤ（ユダ）の地の指導者たちの息子を人質にとってそこに閉じ込めて監視します。第1章で見たように、シリアのデーメートリオス一世は人質に取られてローマ送りされましたが、バッキデースはそれと同じ人質作戦に打って出るのです。この人質の「楯」作戦は、それなりに有効な作戦のひとつだったに違いありません。敵にアクラの攻撃をしにくくさせるからです。攻撃を受ければ、相手を怯《ひる》ませるために、人質を城壁上に吊るすか、城壁上で手荒く扱ってみせればよいからです。

ヨナテースは兄弟のシモーンをエルサレムに残し、アクラの者たちを相手に戦わせます。戦闘はしばらくの間激しくつづいたようですが、最後はヨナテースがバッキデースのもとに使者を送り込んで和平を提案し、彼の捕虜になっていた者たちを取り戻します。

ヨセフスもマカベア第一書にしたがって再話いたしますが、捕虜返還の記述では、ヨナテースが、

図26●テコアの荒れ野

「両者の手もとの捕虜を相互に交換することを提案した」（一二・三二）とし、「彼（バッキデース）は、その捕虜を返し、また（捕虜となった）自分の部下を受け取ると……」（一三・三三）と述べて、捕虜の釈放が相互返還であったことに改めます。戦時下であれ、平和時であれ、捕虜の釈放が一方的である例はありません。何度も繰り返して申しますが、不自然な記述を自然な記述に改めるのはヨセフスの再話の手法です。

平和の一時的な到来

戦闘が止みます。

平和が一時的に到来します。

乳と蜜のながれることのない神の地に恒久的な平和は無縁です。

昔も今もそうです。

多分、いや間違いなく未来永劫にそうです。

マカベア第一書九・七三によると、ヨナテースはマクマシ（ミクマシ）に住み、民を裁くことをはじめ、イスラエルから不敬虔な者たちを一掃しはじめます。

この裁きと清掃作業を支える思想は「浄化の思想」です。民族の中の異分子を一掃し、そうすることで国土を聖なる土地に戻すというものです。しかし、一時的な浄化はできても、永続的な浄化などできるはずがありません。そんなことはすでにイスラエルの歴史それ自体が「証明済み」としているところですが、マカベア一族の者たちが歴史から学ぶことはありません。彼らは自分たちが神から選ばれていると信じ込むため、浄化ができるとか、それを自分たちの手でしなければ……と思い込むのです。そのような思い込みは一神教的全体主義やそれと同じ穴の狢《むじな》と思われる、その裏返しの無神論的全体主義にも認められるものです。卑近な例を挙げれば、オウム真理教の極端にいびつな教えの中にもこの浄化思想が入り込んでおります（わたしはオウム真理教が彼らなりの仕方でキリスト教の浄化思想である終末思想を受け継ぎ、サリンでもって、この地上に終末の実現を図ろうとしたと理解しております。キリスト教の終末思想がいかに危ない思想に転化し得るかは覚えておく必要があります）。

アンティオコスの子アレクサンドロス、王を僭称する

ここでまた予想できないような歴史の展開が起こります。

マカベア第一書一〇・一以下によると、セレウコス暦の第一六〇年（前一五四―一五三年）に、アンティオコスの子アレクサンドロス・エピファネースがプトレマイスに上陸しそこを占領します。プトレマイスは現在のアッコです（口絵7参照）。プトレマイスの人びとは彼を受け入れ王とします。ヨ

セフスは「アンティオコスの子アレクサンドロス」を「アンティオコス・エピファネースの子アレクサンドロス」（一二・三五）と紹介します。

第1章で見てきたように、セレウコス王朝の第四代の王はアンティオコス四世エピファネースと呼ばれる人物でした。エルサレムを散々荒らし、そこをギリシア文化のじゃぶじゃぶ漬けにし、ギリシア的な都に改めようとした人物です。そのため『古代誌』の読者は、一瞬、その王の子かと勘違いしそうになりますが、この人物はスミルナ出身の若者で、シケリアのディオドーロス（前九〇ころ－二七ころ）の『世界史』三一・三二aによれば、その容姿がアンティオコス四世エピファネースに似ていたため、ペルガモンの王アッタロス二世によって利用され、アンティオコス四世エピファネースの子と名乗らせてデーメートリオス一世の敵対者に仕立てられたというのです。古代世界では王位を請求する「なりすまし屋さん」がときどき登場し、ひと騒ぎを起こします。

ヨセフスはアレクサンドロスが、デーメートリオス一世にたいする敵意から、兵士たちにも受け入れられたとします。

「兵士たちは、傲慢《ごうまん》で、容易に人を寄せつけないデーメートリオスに敵意をもっていたのである。事実、彼はアンティオキアの近郊に建てた四つの塔をもつ宮殿内に閉じこもって、その中へはだれも入れず、しかも仕事には怠惰で無頓着だったため、既述のように、領民の憎悪をより一層かきた

てていた。」（一二・三六）

この一文にはセレウコス王朝の所在地であるアンティオキアの郊外に建てられた「四つの塔をもつ宮殿」への言及がありますが、それへの言及は、ヨセフスが手もとに置いている資料のひとつ、ポリュビオスの『歴史』の喪失した箇所の記述からか、ダマスコのニコラオスの著作からだとされます。

デーメートリオス一世、ヨナテースに書簡を送る

マカベア第一書一〇・二以下によれば、デーメートリオス一世はプトレマイスを占領したアレクサンドロスに立ち向かうと同時にヨナテースに書簡を送り、彼がアレクサンドロスと手を組むことがないよう和平の協定を結ぼうとします。先行する箇所（第1章）ではデーメートリオス一世の配下の指揮官バッキデースと和平の協定を結んでおりますので、「また協定かよ」となりますが、協定の内容が異なるようです。

デーメートリオス一世はヨナテース宛の書簡で、軍勢を召集し武器を準備することを彼に許すばかりか、エルサレムのアクラ内にいる人質を引き渡す約束をし、それを実行いたします。返還された人質は、親元へ返されます。

デーメートリオス一世がヨナテースに、彼が軍勢を召集し、武器の準備を許すとありますが、これは分かりにくい事態の展開です。しかし、これはヨナテースがアレクサンドロスに立ち向かうのを唳けていると理解すればよいのです。

両者の間で戦闘があります。

デーメートリオス一世にとっては、アレクサンドロスが戦死しても、ヨナテースが戦死しても、嬉しい話となります。デーメートリオス一世はなかなかの策士なのです。

アレクサンドロス、ヨナテースを大祭司に任命する

アレクサンドロスは、デーメートリオス一世がヨナテースに書簡を送ったことを聞き知ると、彼もまた書簡をヨナテースに送ります。アレクサンドロスは彼を大祭司に任命し、「友人」として遇し、それればかりか、「緋の衣と黄金の冠」を贈ります。そしてセレウコス暦の第一六〇年（前一五四―一五三年）の第七の月の仮庵の祭のとき、ヨナテースは贈られた「聖なる外衣」をまとい、軍勢を集め、多くの武器を準備いたします。ここでの「武器の準備」はデーメートリオス一世にたいしてです。もしそうだとすると、ヨナテースもなかなかの策士です。三策士の三つ巴の争いです。

デーメートリオス一世、ヨナテースに再度書簡を送る

デーメートリオス一世は、今一度、ヨナテースに書簡を送り、もし彼が自分との友好関係を維持するならば、諸種の税の免除を約束します。マカベア第一書一〇・二六以下で列挙されている税の種類の多さに着目すれば、セレウコス王朝下のユダヤがいかに異民族の王朝に搾取され貧困国に転落していたかが想像されるのですが、ここで疑問が湧き起こります。

ユダヤは、セレウコス王朝を相手に戦っているときに、貢納などしていたのでしょうか？

ここでわたしたちは、対ローマのユダヤ戦争の直接の発端となったのが、ユダヤ側の犠牲の献げ物の拒否や貢納拒否であったことを思い起こしたいものです（『戦記』二・四〇九以下参照）。これから類推すると、ユダヤはもう長いことセレウコス王朝に貢ぎなど納めていなかったに違いありません。属国がその支配する國にたいして反乱を起こすときの「宣戦布告」となるのは、貢納拒否だからです。

マカベア第一書によると、ヨナテースはデーメートリオス一世の甘言にはのりません。

ヨセフスもマカベア第一書にしたがって再話いたしますが、ここでマカベア第一書が引く書簡と彼が再話の過程で引く書簡を比較してみようと思います。どちらの書簡もその歴史性を疑って構わないものですが、ここではマカベア第一書の著者によって創作された書簡をヨセフスがどう手を加えたかを、また書簡の紹介の後で彼が何と言っているのかを見てみたいと思います。

書簡を比較してみれば

最初はアレクサンドロスがヨナテースに送った書簡です。マカベア第一書一〇・一八―二〇からです。

「王アレクサンドロスから兄弟ヨナテースへ挨拶をおくる。
予らは貴下について、貴下が力ある勇士であり、予らの友人であるのにふさわしいことを聞き知っている。そこで今日予らは貴下が貴下の民族の大祭司かつ王の友人と呼ばれるべきであると定めたので――彼は彼に、紫の祭服と黄金の冠を贈った――、予らの関係を慮《おもんぱか》り、予らにたいする友誼を保つように。」

次はヨセフスの『古代誌』です。

「王アレクサンドロスより兄弟ヨナテースに挨拶をおくる。
予は、かねてより貴下の勇気と忠誠を聞き及んでいる。貴下にたいし、友好のための同盟を提案すべくここに使節を送るのも、そのためである。
予は貴下を、本日をもって、予の友人たる資格をそなえた、ユダヤ人のための大祭司に任命する。

予はここにまた紫の祭服と黄金の冠を貴下に贈るが、予から名誉を与えられた貴下が、予にたいしても、それにふさわしい態度で応えられることを期待する。」（一三・四五）

これはマカベア第一書の内容に忠実な再話です。再話で許容される範囲内での変更を二、三行っているにすぎません。

ヨセフスは次に、マカベア第一書と同じく、ヨナテースがアレクサンドロスから贈られた大祭司の祭服を仮庵の祭のときにまとったと述べますが、彼はそれがマカベア第一書に見られる、セレウコス暦の第一六〇年の第七の月の事であったことには言及せずに、そのときはユーダス・マッカバイオスの死後四年目のことであり、「この間、大祭司職は空位となっていた」（一三・四六）と述べます。

わたしたちはすでに第1章で、ヨセフスが、大祭司オニアスがベロイアで処刑された後、その大祭司職がアンティオコス五世によってアルキモスなる人物に与えられたことや、そのアルキモスが「アロンの一族であるが、オニアスとは家系の異なる」人物であったこと、そしてユーダス・マッカバイオスが、ある空白期間をおいてアルキモスの大祭司職を継承したことなどを知りましたが、ユーダス・マッカバイオスの死後、その大祭司職は四年の長期にわたって空位のままだったというのです。この大祭司職の空位期間には訂正が必要です。マカベア第一書九・三によれば、ユーダス・マッカバイオスが戦死したのはセレウコス暦の「第一五二年の第一の月」、すなわち前一六〇年のニサン（三

―四月）の月の戦闘中ですから、大祭司職の空位期間は四年ではなくて、六年半となるからです。

次はデーメートリオス一世からヨナテース宛の書簡です。

最初にマカベア第一書一〇・二六―四五です。


「王デーメートリオスからユダヤの国民に挨拶をおくる。

貴下らは予らとの協定を遵守し、予らの友好を重んじ、予らの敵対者たちに近づくことがなかったが、予らは（それを）聞いて喜んでいる。これからも予らにたいする信義をなお一層重んじるように。そうすれば、予らは、貴下らが予らと一緒になしている善にたいして貴下らに報いるであろう。

予らは貴下らのために多くの（種類の）税を免除し、貴下らに贈り物を与えるであろう。そして予は本日をもって、貴下らを（もろもろの負担から）自由にし、またすべてのユダヤ人にたいし貢ぎや塩税、さらには王冠税を免除する。そして本日以降、予に収めるべき（穀物の）種の三分の一および木の実の二分の一を免除し、さらに本日以降いついつまでも、ユダの地、およびそれに加えられている三つの地方、サマリアとガリライア（ガリラヤ）から（予に納めるべき税を）免除する。

エルサレムとその周辺地域は聖なる（場所）とし、十分の一税と租税が免除される。予はエルサレムにある要塞の権限をも手放し、（それを）大祭司に与える。そこを守備するために彼自身が選ぶ者たちを彼がそこに置くためである。

そして予は、ユダの地から予の王国全土に（散らばる）ユダヤ人たちの虜とされた全生命を、自由の贈り物として、手放す。

すべての者は彼らの家畜税すら免除される。

すべての祭と安息日と新月、そして（その他）定められた日々、および祭の前の三日間と祭の後の三日間は、予の王国にいるすべてのユダヤ人にとって（労働の）免除と里帰りの日とする。

いかなる者も、支払いを強要したり、どんなことに関しても彼らの中のいかなる者を苦しめたりする権限を有しない。

ユダヤ人の中の三万もの男子が王の軍隊に登録され、彼らには、王のすべての軍団同様、糧食が与えられる。

彼らの中の一部の者は、王の巨大な城塞に配備され、またこの者たちの一部は、信頼されて、王国の必要な仕事を委ねられる。

彼らの上に立つ者たちやアルコーンたちは彼らの中から選ばれ、彼らは、王がユダの地で命じたように、彼らの律法とともに歩むことが許される。

サマリアの地からユーダイア（ユダ）に加えられた三つの地域は、ユーダ（ユダ）に加えられるがよく、大祭司以外のいかなる権威にも聞き従うことはない。ひとりの支配下に置かれると見なされるためである。

予はプトレマイオスおよびそれに属する地域を、エルサレムの聖所に与え、聖所のための出費に充当させる。そして予自身も、毎年銀一万五〇〇〇シクロスを（予に）属する土地から（入ってくる）王の歳入から与える。

これまで、必要な仕事で使用しなかった余剰の金はすべて、これからは（主の）家の仕事のために与えられる。

聖所の必要な仕事のために彼らが毎年（予の）歳入から受け取っていた銀五〇〇〇シクロスであるが、これらは（主の家で）奉仕する祭司たちに属すものであるがゆえに、（予の歳入から）除外される。

王冠税や（その他）すべてで（税）で負い目があり、ヒエロソリュマ（エルサレム）の神殿やその周辺に逃げ込む者がおれば、その者たちはみな（その負債を）免除され、予の王国にあるすべてのもの（＝財産の所持）も（認められる）。（建造物）を建てたり、聖所を修復する諸費用は王の歳入から支払われる。

エルサレムの城壁を築き、周囲を要塞化するための諸費用、ならびにユーダイア（各地の）城壁を築くための（諸費用）も王の歳入から支払われる。」

デーメートリオス一世はヨナテースを自分の陣営の者にしようと必死です。そのための播き餌の量は、常識では考えられない、大量のものとなるのですが、それゆえ、この書簡の信憑性《しんぴょうせい》が疑われるものともなります。この文書の歴史性は先に進んでから論じます。

では、ヨセフスの『古代誌』です。

「王デーメートリオスよりヨナテースとユダヤの国民に挨拶をおくる。

貴下らが、予にたいする友情を変えず、また、離反をすすめる敵の誘いにもかかわらず、彼らに加担しなかったことにたいし、予は、その忠誠を賞讃するとともに、今後ともこの方針を維持することを勧告する。貴下らは、それにたいし、予から充分な償いと好意とを受けるであろう。

さて、予は、貴下らが歴代の王と予におさめてきた租税と賦課金を、貴下らの大半の者にたいして免除することにした。すなわち、今後、貴下らに課せられる恒常的な租税というものはない。さらに予は、塩税と王冠税を免除し、加えて、予が毎年（貴下らから）受け取るべき穀物の（収穫の）三分の一と木の実の（収穫の）二分の一に相当する税金を免除する。

また、ユダヤおよびユダヤに隣接する三地区、すなわちサマリア、ガリラヤおよびペライアの住民が予に払うべき人頭税も、今後永久に撤廃することにした。

予はまた、エルサレムびとの都が神聖にして不可侵であること（を願い）、その国境内においては十分の一税と通行税を課さない。

（エルサレムの）要塞を、予は貴下らの大祭司ヨナテースに委ねる。ヨナテースは、彼が忠実かつ友好的であると判断する者たちを、予を守備するためにそこに配置してもよろしい。

予はさらに、予の王国内で捕らえられて奴隷となっているユダヤ人たちを解放する。そして予は、ここに言明するが、（今後）ユダヤ人の（所有する）使役用の動物は（予の軍隊のために）徴用されることはない。またユダヤ人は、安息日やすべての祭の間、および祭に先立つ三日間、労働を免除される。

なお、同様に予は、予の王国内に住むユダヤ人にも自由を与え、（今後）彼らが迫害されることのないことを保証する。また、予の軍隊の志願者には、志願を許し、その数を三万まで認める。またその任地がどこであれ、彼らには、予の軍隊の兵士の受ける俸給と同額の俸給を与えるであろう。予は、彼らの一部を要塞に駐留させ、一部を予の親衛隊に配属し、さらに一部を予の宮廷の士官として登用する方針である。

そして予は、彼らが祖国の律法にしたがって生活すること、およびそれを遵守することを認める。

さらに予は、ユダヤに隣接する三つの地区に居住する（ユダヤ）人にも祖国の律法のもとに暮らすことを認め、またユダヤ人たる者は、何びとといえど、エルサレムの神殿だけを唯一の礼拝所とすべしとする大祭司の意見を尊重する。

予は、予の歳入から、毎年一五万ドラクメーを犠牲の費用として（貴下らに）与え、もし余剰金がでれば、それも貴下らに与えよう。

また歴代の王が神殿から受け取っていた一万ドラクメーは、（本来）神殿で奉仕する祭司らのものとなるがゆえに、これを免除する。

エルサレムの神殿、または神殿の名を冠する場所へ（庇護をもとめて）駆け込みを行った者たちについては、その理由が王室金庫にたいする借財であれ何であれ、彼らは解放され、またその財産も保全されよう。

予はまた、貴下らの神殿の修復と増築を許し、その費用は、予の歳入から支出されるものとする。また貴下たちが、貴下たちの都に城壁をめぐらし、高い塔をたてることに同意し、その全費用は、予の歳入で賄われるものとする。

さらに、ユダヤ人の領地の（安全のために）強化する必要のある要塞があれば、これもまた予の負担において行ってよろしい。」（一三・四八－五七）

さて、二つの書簡の比較検討です。

分量的にはマカベア第一書の方が「少しばかり多いかな」という感じのものですが、内容的には随分と異なる箇所があります。

最初は、マカベア第一書が引く書簡の信憑性ないしは歴史性です。

それを疑ってみることは大切です。この書簡がどのような経緯でマカベア第一書の著者の手に入ったかが皆目見当がつかないからです。またマカベア第一書を通読してみれば感じ取ることができるのですが、著者自身が諸処で資料の創作的行為ないしは創作行為をしております。そしてまたこの書簡では神殿（ないしは）聖所を表すのに、そしてシリアに帰属するユダヤやエルサレムを表記するのに語彙の統一性はなく、仮にこの書簡に歴史性があったとしても、表記に見られる不統一は、それが著者の手に渡るまでに手が加えられた可能性があることを示唆いたします。

ヨセフスが公文書に手を入れる例はこれまで数多く見てきましたが、ここでもマカベア第一書の書簡に手を入れた可能性も大ありなのですが、現行のマカベア第一書によらずに他のヘレニズム資料に依拠した記述もあるように思われます。

最初にヨセフスが手を加えた可能性が「大あり」だと思われる箇所を指摘します。たとえば、固有名詞表記の乱れが認められるマカベア第一書一〇・三八に、「サマリアの地からユーダイア（ユダ）に加えられた三つの地域は、ユーダ（ユダ）に加えられるがよく、大祭司以外のいかなる権威にも聞き従うことはない」とあります。ヨセフスはそれを「さらに予は、ユダヤに隣接する三つの地区に居住する（ユダヤ）人にも祖国の律法のもとに暮らすことを認め」とし、その一行前でも「そして予は、彼らが祖国の律法にしたがって生活すること、およびそれを遵守することを認める」として、律法のもとに暮らす自由が与えられることを訴える内容にしておりますが、これは前掲拙著で見てきたように、ヨセフスが『古代誌』の第一二巻でたびたびときのローマ皇帝であるドミティアヌスに暗に訴えていた事柄ですので、ここでのマカベア第一書を改変することによる訴えもまた、その延長上にあるものだと理解するのが適切です。少しばかりきつい言葉で言えば、ヨセフスは資料となるマカベア第一書をここでの彼自身の著作目的のために改竄《かいざん》しているのです。

数字の違いも気になるところです。

マカベア第一書一〇・四〇によれば、犠牲の費用として与えられるとデーメートリオス一世が約束した額は、毎年「銀一万五〇〇〇シクロス」ですが、ヨセフスでは「一五万ドラクメー」です。ある研究者の換算によれば、銀一万五〇〇〇シクロスは六万ドラクメーに相当するそうですが、この数字はヨセフスの挙げる一五万とは非常にかけ離れております。ヨセフスは必要とあれば、数をいじくり回したり、創作したりしますが、ここではその必要がない箇所だけに、彼の使用したマカベア第一書のヘブライ語テクストにこのような数字があったのかもしれません。またマカベア第一書一〇・四二に見られる「銀五〇〇〇シクロス」は二万ドラクメーに相当するものですが、ヨセフスでは「一万ドラクメー」です。この違いもおそらくマカベア第一書のヘブライ語テクストに見られる違いに起因するものだと思われます。もしこうした推理ないしは想像が正しければ、ヨアンネース（ヨハネ）・ヒュルカノスと呼ばれる人物がシモーンの支配権を継承した前一三五年からほど遠くない時期に著作され、かなり早い時期にギリシア語に翻訳されたと想像されるヘブライ語のマカベア第一書（拙著『旧約聖書続編講義』リトン刊参照）は、ヨセフスが資料として使用するまでに、何度か転写の過程を踏んだでしょうが、その間にさまざまな変更があったと想像しなければなりません。

ヨセフスは前掲の書簡の末尾で「デーメートリオスが、書簡でユダヤ人に示した約束と好意は、以上のとおりであった」（一三・五八）と記して、次の主題に移りますが（一三・五八―七九）、そこでの資料はマカベア第一書と他の資料です。

デーメートリオス一世の敗北とその死

さて、デーメートリオス一世がヨナテースを自分の陣営に引き入れようと躍起になっていたころ、アレクサンドロスはアンティオコス四世エピファネースの子になりすましますが、それが暴露されることなどなかったようですから、面白いものです。彼を担ぐ者や取り巻きたちの連携プレーがよほどよかったようです。

マカベア第一書一〇・四八によれば、アレクサンドロスとデーメートリオス一世の間で戦闘が行われます。それはヨナテースにとって嬉しい知らせであったに違いありません。対岸の火事として、傍観しておればいいだけだからです。しかし、その戦いがいつどこで行われたのか、どのような戦いであったかの詳細はどこにも記されておりません。マカベア第一書一〇・五〇には「デーメートリオスはその日倒れた」と書かれてあるのみです。

この戦いは、ユスティノス三五・一・六や、アピアーノス『シリア戦争』六七、それにエウセビオス『年代記』一・二五五でも短く言及されているものです。ヨセフスは次のように書き記します。

「この間、王アレクサンドロスは、大量の傭兵および彼の軍に合流したシリアの兵士たちを集めて、デーメートリオスの軍に向かって進撃した。そして、やがてはじめられたその戦闘で、デーメートリオスの左翼は敵を敗走させて遠方まで追撃し、その多数を殺して彼らの幕舎を略奪したが、デーメートリオスがいた右翼は敗北し、彼以外の兵士はすべて逃走した。デーメートリオス自身は、勇敢に戦い、少なからざる敵兵を倒した。しかし、敵を追撃中に、抜け出すことの難しい沼地に入り込み、馬が転倒したため、彼も脱出できずに戦死した。というのも、敵がこの様子を見て引き返し、彼を囲んで全員で槍を投げつけたからである。徒歩となった彼は、それでもなお勇敢に戦ったが、最後に、多数の傷を受けて力尽き、ついに倒れた。

すでに他の所でも述べたが、一一年の支配の後の、デーメートリオスの最期はこのようなものであった。」（一三・五八―六一）

末尾の一行に見られる「すでに他の所でも述べたが」ですが、そこで言及されている「他の所」が見つからないだけに、わたしたちは当惑いたします。ヨセフス研究者の多くは、その語句は彼が利用した資料中にあったフレーズだと想像します。彼は他の記述箇所においても、資料に見られる他の箇所への指示箇所をそのまま繰り返す「うっかりミス」とでも言うべき誤りを犯しておりますから、多分、この想像は正しいものだと思われます。なおここで、デーメートリオス一世の王としての支配の期間が「一一年」とされておりますが、ある研究者は彼の戦死を前一五〇年の出来事とし、彼の支配の開始時期が前一六二年であることから、その支配期間を一一年ではなくて一二年ではないかとします。トリビアルな訂正です。

ヨセフスの脱線記事の目的は

ヨセフスの再話の特色のひとつは、物語が単調に流れないようにするために、しばし脱線して物語の展開に起伏をつけることです。彼はそうすることで、物語の聞き手や読み手を自分の方へ巧みに引き寄せ、再話への彼らの関心を最後まで持ち続けさせます。この技法はすでに『ユダヤ戦記』において遺憾なく発揮されているもので、わたしはそれについて何度か触れているはずです。

ヘブライ語聖書の中にも本来の主題から逸脱した記事は数多く見られます。わたしはヘブライ語聖書に見られる奇跡物語やそれに準じる話はどれもこれも読者を引っ張っていくための、あるいは単調に流れる物語に起伏をつけるための創作話だと想像しておりますが、ヨセフスが次に語る「脱線記事」（エクバシス）は奇跡物語ではなくて、エジプトのレオントーン・ポリス（「ライオンの都」の意）に造営されたエルサレムの神殿を模した神殿についての歴史上の話です。マカベア第一書や第二書では語られていない事柄なのです。それゆえ、その記事は「脱線記事」なのですが、ユダヤ史の研究者にとっては見落とすことなど絶対にできない記事です。

わくわくどきどきする歴史の展開

この神殿造営は、ヨセフスにとっても、またヘレニズム・ローマ時代のユダヤ史にとっても非常に重要なものです。

ヨセフスにとって重要である証拠は、彼が『戦記』一・三三や、七・四二三―四三二においてこの神殿に言及しているばかりか、この『古代誌』においても再三それに言及している事実にもとめられます。

この神殿造営がヘレニズム・ローマ時代のユダヤ史にとって重要なのは、サマリアの神殿造営と同じく、「神はひとつ、神殿もひとつ」とするエルサレムの神殿体制を護持する者たちのイデオロギーにたいする強烈な挑戦になるからです。しかも、その神殿は短期間存在したというのではなく、『戦記』七・四二〇以下によれば、対ローマのユダヤ戦争後、すなわちウェスパシアヌスがその閉鎖をアレクサンドリアの知事に命じる後七一年まで、実に二〇〇年以上にわたって存在しつづけたのです。もしウェスパシアヌスが閉鎖を命じなかったならば——ウェスパシアヌスがその神殿の閉鎖を命じたのは、エルサレムの神殿崩壊後そこがエジプトのユダヤ人たちの反ローマ活動の拠点になることを恐れたからです——、神殿宗教であるユダヤ教は、エルサレムの神殿を失った七〇年以降、その軸足をエルサレムからエジプトのレオントーン・ポリスに移し、エルサレムの神殿に寄生していたサドカイ派の祭司やレビびとたち、そしてパリサイ派の者たちの一部がブーバスティス・アグリアに逃げ込んでいたかもしれないのです。

わくわくどきどきするような歴史の展開です。

預言者イザヤの言葉に励まされたオニアス四世

ヨセフスは『古代誌』第一三巻で次のように申します。

「父と同じ名をもつ大祭司オニアスの子は、フィロメートールの添え名をもつ王プトレマイオスのもとに亡命後、既述のように、アレクサンドリアに住んでいた。

彼は、ユダヤの土地がマケドニア人とその歴代の王によって破壊されているのを見ると、自分のために永遠の名声を手に入れようとした。そこで彼は、プトレマイオスと王妃クレオパトラに使節を送り、エルサレムの聖所に模した神殿をエジプトにつくり、（そこに）自分の同胞の中から選んだレビびとと祭司たちを任命する権限が（与えられるように）請願しようと決心した。彼がこのような希望をもったのは、いと高き神のための聖所が、一人のユダヤ人によってエジプトの地に建てられるにちがいないと預言した、六〇〇年以上も昔の預言者へーサイアス（イザヤ）の言葉に勇気づけられたからである。」（一三・六二―六四）

「父と同じ名をもつ大祭司オニアスの子」とは誰のことでしょうか？

『古代誌』一二・三八七に「父の死のときにはまだ幼児にすぎなかった大祭司の子オニアス」への言及があり、そこでのオニアスがオニアス三世であることはすでに指摘しました。すると、ここでのオニアス三世の子はオニアス四世となります。オニアス三世の兄弟に大祭司となったオニアスがおりましたが、オニアス四世はこのオニアスとは異なります。

「既述のように」とは、先行した『古代誌』一二・三八六以下を参照しろということで、そちらを参照してみますと、そこにはオニアス四世がエジプトの王プトレマイオスのもとへ逃亡（亡命）したとありますから、それを試みたオニアス四世が王朝の所在地であるアレクサンドリアに（一時的に）

滞在していたことが容易に想像されます。このオニアス四世はプトレマイオスと王妃クレオパトラに使節を送り、エルサレムの神殿を模したものをエジプトの地につくる権限が得られるよう請願します。ここでの王プトレマイオスはプトレマイオス六世フィロメートール（在位、前一六三―一四五）（図27）のことで、王妃クレオパトラとはクレオパトラ二世（在位、前一七三―一六四、前一六三―一二七、前一二四―一一六）（図28）を指しております。

オニアス四世の請願がアレクサンドリアでなされたのか、それともアレクサンドリアに亡命する以前にエルサレムからなされたのか、ここまでの記述では不明ですが、先に進んでから読む請願書の内容から判断すると、それはオニアス四世がアレクサンドリアに亡命した後、ある時間が経過してからアレクサンドリアでなされたもののようです。

オニアス四世の亡命先

なぜオニアス四世は亡命先をエジプトのアレクサンドリアに選んだのでしょうか？

それはそこが王朝の所在地であると同時に大きなユダヤ人共同体が存在したからだと思われますが、そのユダヤ人共同体は、オニアス四世と彼にしたがったエルサレム神殿の祭司やレビびとたちの一行を歓迎したのでしょうか。

図27●プトレマイオス６世フィロメートールの貨幣（上）
図28●クレオパトラ２世（下）

歓迎したとは思われません。

後一世紀のアレクサンドリアのユダヤ人哲学者フィロン（前二〇ころ－後四〇）の例からも知られるように（フィロン『摂理』六四）、アレクサンドリアのユダヤ人共同体は、エルサレムの神殿が機能しておれば、そちらに巡礼の一行を送り込んでおりました（拙訳、フィロン『フラックスへの反論＋ガイウスへの使節』京都大学学術出版会、二六〇頁参照）。このことからも分かるように、アレクサンドリアのユダヤ人共同体がエルサレムの神殿から逃げ出してきたオニアス四世とその一行を歓迎するはずがありません。一行は早晩、アレクサンドリアから離れざるを得なくなります。彼らに必要なのは新天地、ニュー・ヘイブンです。もしオニアス四世が王と王妃に請願書を出していたとしたら、それは、エジプトの地での新天地獲得のための請願書であったと思われます。

なお、右の一文には、「レビびとと祭司たちを任命する権限」云々とありますが、ここで言及されている「レビびとと祭司たち」は、オニアス四世がエジプトに亡命するときにエルサレムから帯同させたレビびとと祭司たちを指すものですが、なぜ彼らはオニアス四世にしたがったのでしょうか？ それは、オニアス四世が、オニアス三世の子として大祭司の地位を申し立てたときに、その申し立てが正当なものだと感じられたからではないでしょうか。

では、いつオニアス四世はその申し立てをしたのでしょうか？

わたしたちはその時期を「大祭司オニアス」が死んで、アルキモス（ヤケイモス）と呼ばれる人物が大祭司職に就く前だったと想像します。アルキモスは、大祭司の系譜上、そのラインに乗っていないのですから、大祭司職に就く資格のある人物ではありません。とはいえ、大祭司職をめぐるオニアス四世とアルキモスの間の争いは熾烈なものであったに違いなく、アルキモスの死後にも、オニアス四世とアルキモス支持派の間の争いは継続したものと思われます。こう想像してはじめて、ユーダス・マッカバイオスが大祭司職に就く前に空位期間があったとするヨセフスの説明が納得のいくものとなります。オニアス四世はアルキモスに敗北したのです。

オニアス四世にとってエジプト行きの彼に同行した祭司やレビびとたちの存在は重要です。もしエルサレムの神殿を模したものがエジプトの地に建てられるならば、エルサレムから自分につき従ってきた者たちを新しい神殿の祭司やレビびとたちにすることで、エルサレムの神殿に対抗することができるばかりか、エジプトの神殿の方が、正統性を有する大祭司（オニアス四世）とその大祭司を支持する祭司やレビびとをもつことで、エルサレムの神殿にたいしてその存在の正統性を申し立てることができるからです。神殿存在の正統性は大祭司の正統性によって保証されるものですが、そのためには祭司やレビびとたちの支持も必要なのです。もちろん、オニアス四世の神殿の神学的正統性を支えるのはイザヤの預言ですが、それについては先に進んでから取り上げます。

王と王妃に宛てたオニアス四世の書簡

では次に、オニアス四世がプトレマイオス六世とクレオパトラ二世に送った書簡を引いてみます。長いですが、非常に重要なものなので、全文を引用いたします。

「(このたびの)戦争を通じ、わたしは、神のご加護のもとに、両陛下にたいし数多くの大きな奉仕をしてまいりましたが、その後わたしは、コイレー・シリアとフェニキアに赴き、さらにユダヤ人を連れてヘーリオポリス(州)のレオントーン・ポリスその他(ユダヤ)民族の(居住する)様々の場所を訪れました。ところが、わたしが見出しましたことは、彼らユダヤ人の大部分は、正式ならざる神殿しかもっておらず、そのため、彼らは互いに悪意を抱き、憎しみ合っていることでございます。そしてそれはちょうど、エジプト人が、多数の神殿をもってはいるものの、その礼拝様式についての見解が一致せぬため(互いに憎しみ合っているのと全く)同じ状態なのでございます。

さて、わたしは、ブーバスティス・アグリアと名付けられた要塞の中に、(聖所の建設に)もっとも適した土地を発見いたしました。そこには、種々様々の樹木が豊富にあり、また、神聖な獣類も多数棲息しております。そこでわたしは陛下にお願いいたすのでございますが、今や何びとの所有にも属さず、廃墟となっております(この土地の)神殿を浄化し、(その場所で)陛下、王妃ならびに王子たちの安寧《あんねい》を祈願し、またエジプト在住のユダヤ人たちがお互いに同じ思いを抱いて集い合い、両陛下の御利益に奉仕することができますように、エルサレムの聖所の様式と規模とをもった、いと高き神に捧げる聖所の建設をお許しいただきたいと思うのでございます。なお、このことにつきましては、預言者へーサイアス（イザヤ）が、エジプトにおいて主なる神のための祭壇がつくられるであろうとかつて語り、また、この土地に関して、これに類するさまざまなことも預言しているのでございます。」（一三・六五－六八）

以上が、ヨセフスが引いてみせる、王プトレマイオスと王妃クレオパトラに宛てたオニアス四世の書簡の内容です。

書簡に見られる不自然さほか

この書簡の冒頭と末尾には不自然さが残るものとなっております。

そもそも国王と王妃に宛てた書簡であれば、文書の冒頭には丁重な挨拶文が置かれねばなりませんが、それがないのです。また書簡の終わりは明らかに尻切れトンボの感を免れないものですが、「なお、このことにつきましては……預言しているのでございます」を書簡の一文から切り離してみますと、そこまでの文章はそれなりに完結する請願文となりますが、それでもなお不自然さが残ります。それは、プトレマイオス王自身が、「イザヤが預言しております」と言われても、王にとっては「イザヤはだれなのか」の状態に置かれたはずですから、この一文自体、非常に不自然な内容をもつものとなります。

この一文はイザヤ書一九・一九の言葉、すなわち「その日、エジプトの國に、主をまつるひとつの祭壇が置かれ、その国境に主をまつるひとつの柱が建てられるであろう」を承知している者による加筆と見るのが適切で、実際、注釈者の中には、それとの関連で、イザヤ書一九・一八―二五は、ハスモン朝時代の加筆とする者もおりますから、話は複雑です。これから先で扱うハスモン朝とは、マカベア一族のシモーン（前一四二―一三五）が開祖者で、その創設時期は前二世紀の中頃で、これは時代的にはオニアス四世がエジプトに亡命した時期に近いものになるだけに、イザヤ書の加筆説もそれなりに説得力をもつことになります。

この書簡には解説を必要とする箇所が二つばかりあります。

ひとつはヘーリオポリスです。

「太陽の都」を意味するこのヘーリオポリスは、ナイル川の三角州につくられたカイロ近郊のポリスです（図29）。もう少し詳しく申せば、ヘブライ語創世記四一・四五では「オン」の名前で登場し、ギリシア語訳では「ヘーリオポリス」の名で登場し、出エジプト記一・一一では、ファラオのための

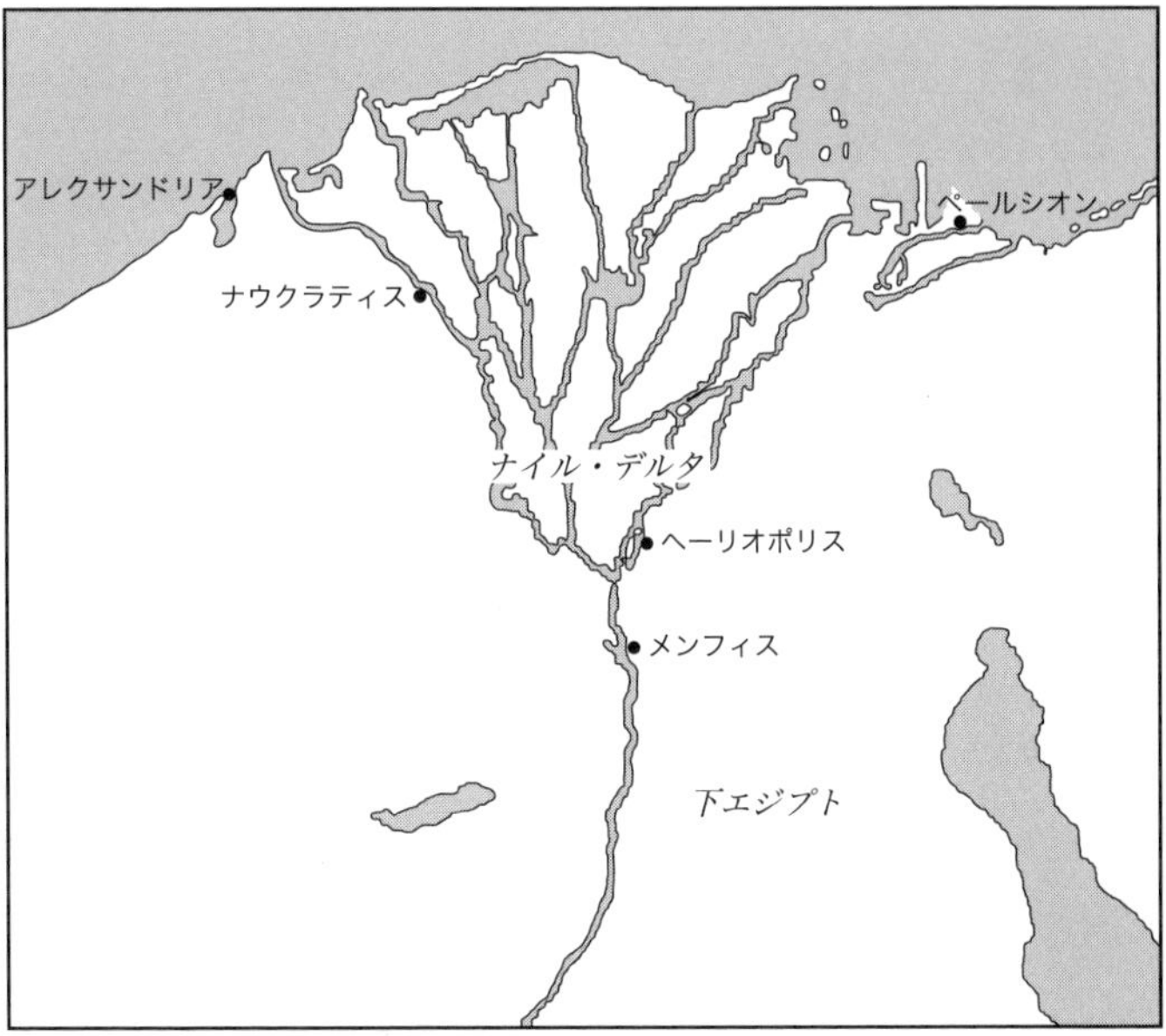

図29●ヘーリオポリス周辺地図

堅固な要塞都市として「オン、すなわちヘーリオポリス」として言及されております。この場所はカイロの北東一一キロ、現在のテル・フスンです。

次はレオントーン・ポリスです。

ヨセフスは『戦記』七・四二六で、その場所が「ヘーリオポリス州のメンフィスから一八〇スタディオン（約二〇マイル）離れた所」としておりますが、多くの研究者はその場所をメンフィスの北東約三〇マイル、現在のテル・エル・イェフディイェーと同定します。この同定が妥当なものであるかどうかについては先に進んでから論じます。

なおここでブーバスティス・アグリアについても一言説明しておきます。

ヘーロドトス『歴史』二・五九、六〇ほかによりますと、ブーバスティスは町の名前ですが、同書二・一三七および一五六によれば、町の女神名でもあります。ここでは女神名として言及されているように思われます。したがって「ブーバスティス・アグリア」は「荒れ地の女神ブーバスティス」の意味になろうかと思われます。

王と王妃からの返書

ヨセフスは次に、王プトレマイオス六世とクレオパトラ二世がオニアス四世に与えたとされる返書を引きます。

「王プトレマイオスおよび王妃クレオパトラよりオニアスに挨拶をおくる。予らは、ヘーリオポリス州のレオントーン・ポリスにあるブーバスティス・アグリアと呼ばれる神殿の廃墟を浄化したいという貴下の請願書を受領した。

予らは、このように不潔野蛮で（エジプト人たちが）神聖とする獣たちの跋扈《ばっこ》跳梁《ちょうりょう》する土地に建てられる神殿が、はたして神の悦びたもうところのものとなるのか否か、（はなはだ）疑問視せざるをえないが、貴下が、このことは預言者ヘーサイアスがはるか昔にすでに語っていると述べられる以上、そして、それが律法にかなっているものであるかぎり、予らは、いかなる点からも、神を冒瀆するものとの誤解を避けるため、貴下にたいし、この請願を裁可しよう。」（一三・七〇―七一）

この王と王妃の書簡の中にも預言者イザヤが登場しますが、ここでのイザヤへの言及も、先のイザヤへの言及と同じレベルで論じることが可能かと思われます。

この返書にも不自然な箇所がひとつあります。

それはオニアス四世の書簡が触れてもいないのに、王からの返書がブーバスティス・アグリアの地が「律法にかなっているものであるかぎり」と言っていることです。これでは王と王妃がユダヤ民族のトーラーに精通しているかのような印象を読む者に与えますが、そんな事態は考えられません。二人は、ユダヤ民族の律法にたいしては「なにソレ？」の状態であったはずです。とすると、律法に言及する一文は本来、オニアス四世の請願書の中になかったが、転写の過程で挿入されたのかもしれません。もちろん、ヨセフス自身がその部分を創作したとも想像できます。

ヨセフスは、王と王妃からの返書を引いたあと、次のように申します。

「さて、こうしてオニアスは土地を手に入れ、神殿を建て、神のための祭壇をつくった。それはエルサレムのものと似ていたが、しかし、より小さく、より貧弱であった。その規模と（そこに備えられた）祭具類等については、わたしが今ここで書く必要はあるまい。すでにわたしは、それらについては、わたしの『ユダヤ戦記』第七巻において書き記しているからである。そしてオニアスは、その土地で、同胞のユダヤ人、（神に）奉仕する祭司およびレビびとたちも発見した。ともあれ、この神殿については、わたしはもう十分に語っている。」（一三・七二－七三）

他の所でヨセフスは

ヨセフスはここでこのオニアス四世の神殿についてはすでに「わたしはもう十分に語っている」と述べて、『ユダヤ戦記』第七巻を参照するよう指示しておりますが――ここでの『戦記』の表記がトーン・ユーダイコーン・ポレモーン（↓ホイ・ユーダイコーン・ポレモイ）と複数形表記になっていることが気にかかりますが――、その前に同書一・三三を見ておく必要があります。ヨセフスはそこで、ヘーリオポリス州の土地をプトレマイオスから下賜されたオニアス四世が「エルサレムを模した小さな町と（われわれの聖所に）似た聖所を創建した」と述べているからです。しかし彼は『戦記』の第七巻では第一巻での説明に修正を施しております。

「オニアスはそこに要塞をつくると、エルサレムのそれには似ていないが、塔に近い高さ六〇ペークスの神殿を大きな石で建てた。オニアスは祭壇を自国のものに模してつくり、同じように奉納物でそこを飾った。ただし燭台はつくらず、たんに金を鋳造して燭とし――それは明るい反射光を放った――、それを黄金の鎖で吊るした。神域全体には焼き煉瓦の壁をめぐらし、入り口は石造りだった。」（七・四二六―四三〇）

ヨセフスはこの神殿については「わたしはもう十分に語っている」と言いながら、『古代誌』の最終巻でも今一度それに言及しておりますので、それについてもここで見ておきます。

「オニアスの甥で父と同名のオニアスは、エジプトへ赴いた。彼はそこでプトレマイオス・フィロメートールと王妃クレオパトラの友情を得た後、二人を説いて、ヘーリオポリス州にエルサレムのそれと類似した神への神殿をつくらせ、自分をその大祭司に任命させた。もっとも、わたしはエジプトに建設された神殿についてはすでに何度も説明している。」（二〇・二三六―二三七）

オニアス四世の神殿の光景は

ヨセフスの語るエルサレムの聖所の光景ですが、『戦記』の第一巻ではオニアス四世の神殿はエルサレムのそれに似ていると言い、同書第七巻では似ているのはエルサレムの神殿の祭壇だけだと言い、『古代誌』第七巻と第二〇巻では、規模の点ではともかくも、それはエルサレムの神殿に類似したものだと申し立てております。

一体どの光景をイメージすればよいのでしょうか？

わたしたちはオニアス四世の神殿をエルサレムの神殿を模したものだったと想像したいと思います。その理由は簡単です。

オニアス四世は、エルサレムでの大祭司争いに破れてエジプトに亡命してきた人物ですから、彼にはエルサレムの神殿にたいする強烈な対抗意識があったはずです。彼にはまた、自分たちを受け入れてくれなかったアレクサンドリアのユダヤ人共同体にたいしても、それなりのライバル意識があったはずです。もしそうだとしたら、オニアス四世は、エルサレムの神殿を模したものをつくり、そこにエルサレムから連れてきた祭司やレビびとたちを配置し、エルサレムと同じ形式で神殿礼拝を守り、神殿存在の正統性をエルサレムやアレクサンドリアのユダヤ人共同体に訴えつづけていたに違いなく、またそうすることではじめて、アレクサンドリアの地はともかく、エジプトのナイルの河口地帯やナイル川の奥地に住む離散のユダヤ人たちを取り込むことが可能とされたからです。

なおまた想像しておかねばならぬのは、『戦記』七・四三三以下によると、この神殿はウェスパシアヌスからの書簡による指示にしたがった、アレクサンドリアの知事ルポスおよび彼の後任の知事パウリノスにより閉鎖されるまで二〇〇年以上にわたって存続したそうですから、前二世紀中頃に建設された時の神殿がたとえエルサレムの神殿よりも「小さく、貧弱な」ものであったとしても、後七〇年までには改修に改修を重ねて非常に大きな堂々たる神殿へと発展していったかもしれないということです。もしそうだとしたら、この神殿の閉鎖もアレクサンドリアの知事にとってはそう簡単な仕事ではなかったはずです。頑強な抵抗が予想されます。知事は軍隊を動員したように思われます。もしかしたらその軍隊はアレクサンドリアの郊外のニコポリスに駐留していたローマ軍団であったかもしれません。

同じころに

なお、オニアス四世がエジプトに亡命した同じころに、エルサレムを脱出して灼熱の死海の沿岸のクムランに向かい、そこに宗教的共同体をつくる者たちがいたことも忘れてはなりません（図30）。

この者たちはエルサレムの神殿やそこでの祭儀に背を向け、「エルサレムの神殿よ、さようなら。死海のほとりよ、今日は」の禁欲集団です。一方がエルサレムの神殿と張り合えば、こちらはエルサレムの神殿の存在をきれいさっぱりと忘れ、ひたすら終末の到来と自分たちの救いだけを待望します。エルサレムの神殿が、たとえ再奉献が終わったとはいえ十分には機能などしていなかった時期に、そして大祭司の正統性をめぐる熾烈な争いが行われていた時期に、まさにその二つの事を歴史が目撃することになった時期に、二つの「極端」に走るグループが生まれたのです。一方がエジプトの地に逃げ込んでそこでエルサレム神殿の正統性と争えば、他方はクムランに向かいエルサレム神殿とは絶縁したのです。

一神教を奉じる民族の歴史の面白い展開ではありませんか。

一神教の神の代理人である大祭司の正統性をめぐる熾烈な争いのこれが結末なのです。

なお、『ミシュナー』メナホート一三・一〇によれば、後の時代のラビたちは、オニアス四世の神殿をエルサレムの神殿と等位とは認めなくとも、つまり「こんちくしょう」と思いながらも、その存

図30●クムランの宗教共同体の遺跡（上）
図31●クムラン近辺の洞穴（下）

在を認めております。なおまた、余計なことを申し上げますが、この死海のほとりに誕生した禁欲集団は、ユダヤ戦争中にローマ軍に一掃され、終末の到来を待つ前に、自らの終末を迎えてしまいました。「お気の毒に」としか言いようがありませんが、彼らはローマ軍に一掃される前に、クムランの周辺の洞穴（図31）内に聖書関係の文書やその他の文書を隠し置きました。それ（死海文書）が二〇世紀になって発見され、全世界のユダヤ教徒やキリスト教徒その他を狂気狂乱させたのですから、彼らの死もあながち犬死ではなかったのかもしれませんが、後の時代のわたしたちが学ぶ教訓は、終末などはいくら待望しても、向こうからやって来るものではないことです。なぜならば終末それ自体が宗教的幻想の所産に過ぎないものだからです。過激な幻想を抱くのは個人の勝手でしょうが、暴力でもってその実現を図るのは明白な犯罪行為です。わたしたちはなぜサリン事件を、たとえばキリスト教的終末思想を背景に論じたりしないのでしょうか？　この場合、沈黙と臆病も犯罪行為の解明を難しいものにする犯罪行為なのです。

オニアス四世の神殿跡はどこ？

わたしたちもここで少しばかり脱線いたします。

ヨセフスが記述するオニアス四世の神殿への関心からその神殿跡を同定しようとしたイギリスの考

古学者がおります。「エジプト考古学の父」と呼ばれ、今日でも大きな敬意を払われているフリンダーズ・ピートリ（一八五三―一九四二）です（図32）。彼は一九〇六年に、一冊の報告書『ヒュクソスとイスラエルびとの町々』を公刊します。彼はその中の「オニアスの神殿」と題する第4章の冒頭で次のように述べます。

「アンティオコス・エピファネースの圧政からの難民として、エジプトへのユダヤ人の帰還という興味深い挿話と、彼らがその地に前一五四年ころ新しい礼拝の中心をもうけた話は、ヨセフスによって保存されている記事からよく知られている。この神殿の場所はテル・エル・イェフディエー近辺であったと一般に認められていたが、今日までその同定はなされていない。……この場合、そして他の場合も、諸事実を確定するときには、われわれはわれわれが典拠とするものをどこまでもよすがとするのが適切である。ヨセフスの文節の全体は簡単に引用できるので、ここではそれを要約し、ついでそれが許容するデーターについて議論するのが適切であろう。」

ピートリはこう前置きを振った後で、『戦記』七・四二六―四三六が、デルタの東側のユダヤ人居住区の全地域をオニアスの名を取ってオネイオンと呼んでいるとし、同時に『古代誌』一四・一二七―一三九が、より大きな地域を指し示しているとします。ピートリはまたそこで、アンティオコスのもとからエジプトへ逃げ込んだオニアスがプトレマイオスによって好意的に受け入れられ、もし共同

図32●フリンダーズ・ピートリー

体のために新しい礼拝の中心（となる場所）が彼に与えられるならば、ユダヤ人の傭兵の一団を結成すると申し出たとし、ついで、ここでのオニアスが『アピオーンへの反論』二・四九に登場するプトレマイオス軍のユダヤ人将軍のオニアスであると、驚天動地《きょうてんどうち》の想像をして見せます。わたしたちはもうこの辺りからピートリの議論について行けなくなるのですが、途中を省略して彼の議論を紹介します。

『古代誌』一三・六五―六八、七〇―七一に見られるプトレマイオス王とその王妃宛のオニアスの請願書と二人からの返書ですが、ピートリは、それが本物であっても、改竄されたものであっても、あるいは創作されたものであっても、それはオニアスの神殿跡の同定に影響を与えるものではないとした上で、そこでの請願書の内容を要約いたします。彼はついで、オニアスの神殿跡をテル・エル・イェフディェーとします。これはすでに述べたように、当時、一般に承認されていたものです。彼はその理由を五つばかり挙げますが、ここではそれには触れません。

わたしたちは、畏れ多いこととは思いつつも、「エジプト考古学の父」の同定を肯定的に受け入れることなどはできません。ピートリはオニアスをプトレマイオス軍のユダヤ人隊長のオニアスと同定しておりますが、プトレマイオス軍の将軍となった一介のユダヤ人がエジプト在住の同胞たちのために神殿を造営しようとするものなのでしょうか？

するはずがありません。

そのような特別な関心や野心をもつのは特殊な人物でなければなりません。その人物は特殊な事情があってエジプトの地へ逃れてきた人物でなければなりません。その人物には少なからぬサポーターがいなければなりません。ここでのオニアスはプトレマイオス軍のユダヤ人隊長のオニアスではなくて、エルサレムの大祭司オニアス三世の子で、父から継承すべき大祭司職の正統性をめぐる争いでエルサレムの大祭司に破れ、エルサレムを追われたオニアス四世でしかありません。

ピートリによる神殿跡の同定は誤り

では、ピートリによるオニアスの神殿跡の同定はどうなのでしょうか？

わたしたちはピートリが挙げる五つの条件のすべてにたいして異議申し立てを行うことができます。たとえば彼は、バステト（猫の姿をした女神）（図33、34）の手にするホル（ホルス）の神像が発見されたと指摘しますが、それはわずか一体の発見でしかありません。彼はテル・エル・イェフディエーがメンフィスの北門から一八六スタディオンの距離にあり、それはヨセフスの挙げる一八〇スタディオンに近いと指摘しますが、わたしたちは、ヨセフスが『戦記』の中で行う距離計算がいかに杜撰《ずさん》なものであり、杜撰を根拠にしては正確な距離など議論できないと反論します（ルーイス・フェルトマン＋秦剛平共編『ヨセフス・ヘレニズム・ヘブライズムⅡ』［山本書店］所収の論文ゼーブ・サフライ著「ヨ

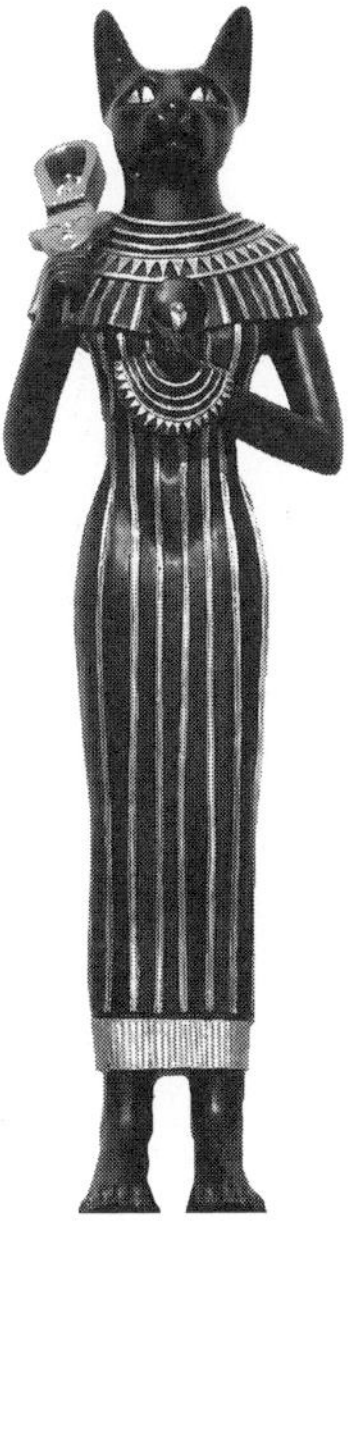

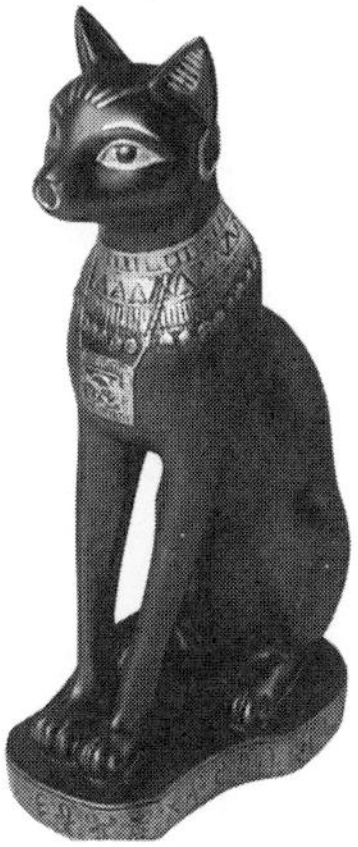

図33●バステト神（右）
図34●バステト神（左）

セフスとパレスチナ」参照)。

ピートリはまた、ユダヤ人の名前の刻まれた墓石のある墓地がそこから発見されたと述べますが、わたしたちは、それは必ずしもユダヤ人の共同体がその近くにあった証拠にはならないと反論したいと思います。すでに述べたように、オニアス四世が率いてきたユダヤ人グループは、たとえその出発時において小さな規模であったとしても、その共同体は、すでに述べたように、少なくとも二二〇年以上にわたって存続しつづけたのです。この事実からすれば、もしユダヤ人の共同墓地が存在したのであれば、それはアレクサンドリアその他のヘレニズム都市に見られた城壁の外のネクロポリス(「死者の都」の意)のような規模の大きなものへ発展したものだと想像しなければなりません。そこからは後のローマ時代のローマのユダヤ人共同体の墓に見られるような大小さまざまな石棺や、石棺に彫られた墓碑銘や、ユダヤ教の象徴であるメノラーなどが出てこなければ嘘ですが、これらのものは何ひとつ発見されていないのです。

ピートリの発掘で最大の不満となるのは、オニアス四世の神殿跡と彼が同定する場所からほとんど何も発見されていない事実です。彼はそこから発見された一個の椀を「犠牲の祭儀用」のものと想像しますが、わたしたちは、そこから祭壇跡が見つかり、その近辺から椀やその破片が何点も発見されたのであれば、その椀は「犠牲の祭儀用」のものと同定するでしょうが、祭壇跡も見つからない中での椀一個の発見だけでは、コメントさえしかねるものだと言いたいのです。

オニアス四世の神殿跡の発掘の重要さ

わたしたちはテル・エル・イェフディィエー以外の他の場所を探索しなければなりません。わたしはすでにいくつかの論文を国内外で発表してきましたが、その場所は、エドワード・ナヴィルやラビブ・ハバチらが一九世紀の終わりに発掘したテル・バスタ（北緯三〇度三四・四三〇分、東経三一度三〇・七六五分）ではないかと想像し、今から一〇年ほど前に、東京女子大学教授の守屋彰夫さんや名古屋大学教授の周藤芳幸さん、東京の中東文化センターの川床さん、懇意にしている出版者の社長夫妻らと一緒にエジプト考古局を訪ね、そこの若い役人の案内でテル・バスタを訪れ、「ここ掘れワンワン」の確信を持つように至りました、少なくともわたしは。エジプトの政情不安定のため、現在発掘作業を行うことはできませんが、いつかその地が丁寧に掘り起こされることを願っております。もし発掘に成功すれば、前二世紀のユダヤ教がエルサレムやサマリア以外にもエジプトの地に神殿をもったことをわたしたちに確実な知識として教えてくれることになるでしょうし、またもしそれがエルサレムの神殿を模したものであれば、わたしたちはその復元から、エルサレムの神殿についてのわたしたちの知識の足らざるところが補われることになるでしょうし、そしてまたわたしたちは、具体的な物証をもとに、「神はひとつ、神殿はひとつ」とするユダヤ教のイデオロギーの破綻についても有益な議論を幅広く行うことが可能とされるのです。

この発掘はまたわたしたちの目を他の所にも向けるものとなります。

たとえば、わたしたちがエジプトのディアスポラのユダヤ人について議論するとき、わたしたちの議論はもっぱらアレクサンドリアのユダヤ人共同体とエルサレムの共同体との関係に絞られ、ナイルのデルタ地帯につくられた他のユダヤ人共同体や彼らの理解するユダヤ教に目が向けられることはあまりないのですが、いやほとんどないのですが、ここでの発掘に成果があれば、それはナイルのデルタ地帯のユダヤ教についての理解や、太陽神ラーの首座であったヘーリオポリスの神殿との関係などを解明する手がかりを与えてくれるものとなるであろうし、またブーバスティス・アグリアのユダヤ人共同体は、アレクサンドリアのユダヤ人共同体に対抗する以上、少なくともイザヤ書のギリシア語訳をつくりだしたと想像されますが、それ以外の書の翻訳もこの地でなされたのかどうか、また、前掲拙著の第4章で見た『アリステアスの書簡』が申し立てるモーセ五書のギリシア語訳の完璧性の強調は、ブーバスティス・アグリアのユダヤ人共同体（でなされたであろう翻訳）にたいしてなされたものであったのかどうかの議論を誘発するものとなるかもしれないのです。が、日本の聖書学者でこの場所に関心を寄せる人は、皆無に等しいのですから、寂しいものです。なにかおかしんですね、日本の聖書学は。

図35●太陽神ラー

アレクサンドリア在住のユダヤ人とサマリアびとの争い

ヨセフスは脱線をつづけます。

彼はこのプトレマイオス・フィロメートールの時代に王の面前で行われたユダヤ人とサマリアびとの間の神殿論争を伝えます。ここで神殿論争を挿入したのは、多分、ここまででオニアス四世の神殿について語ってきたからでしょう。

「さて、アレクサンドリア在住のユダヤ人と、アレクサンドロス時代に建てられたガリゼイス（ゲリジム）山の神殿で礼拝するサマリアびとの間で紛争がおきた。彼らはプトレマイオスの面前で、それぞれの神殿について論争した。ユダヤ人は、モーセの律法にしたがって建てられたのはエルサレムの神殿だと主張し、他方サマリアびとは、それはガリゼイス山の神殿だと明言してはばからなかった。」（一三・七四）

ヨセフスはこう述べたあと、神殿の正統性をめぐる論争に立ち入ります。

彼によれば、その論争では、サバイオスとテオドシオスと呼ばれる二人の人物がサマリア人のために弁じ、メサラモスの子アンドロニコスがエルサレムびととユダヤ人の代表として語ることになります。双方は、自分たちの神殿の正統性を律法にもとづいて論じることを誓い、それに反した場合には王から死を賜るよう乞うたというのです。はなはだ大げさな舞台設定です。

最初にアンドロニコスが語ります。

彼は律法にもとづく証拠からはじめ、ついで神殿を支配する大祭司の継承について語り、さらにはエルサレムの神殿にはアシア（アジア）のすべての王から贈られた献納品や献げ物で満ちているが、ゲリジム山の神殿はそうではないと申し立てます。ヨセフスはどういうわけか、サマリアびとのために弁ずるために出廷したサバイオスとテオドシオスの議論には一切触れず、アンドロニコスの雄弁が王の説得に成功したとし、王の決定により、サマリアびとの二人の代表およびその応援団の一党が処刑されたとします（一三・七五－七九）。

わたしたちはすでに前掲拙著の第3章で、サマリアびとの神殿建設をアレクサンドロス時代とする話（『古代誌』一一・三二四）を、「アレクサンドロス・ロマンス」として退け、その創建をアレクサンドロス以前のペルシア時代としましたが、研究者の中には、ここでの論争は、プトレマイオス六世の時代（前一八〇－一六四、復位、前一六三－一四五）に行われた、オニアス四世の神殿建設の妥当性をめぐるものであったとする者がおります。この議論にはそれなりの説得力があります。なぜならば、オニアスが神殿を建設できたのはプトレマイオス王の同意があり、土地が下賜されたためですから、王の臨席のもとで、神殿建設の妥当性をめぐって議論する価値のあるものとなりますが、そこにサマリアの神殿の正統性をめぐる議論が入り込む余地のあるものだったかははなはだ疑問です。ゲリジム山の神殿についての議論では、エジプト王がその神殿の建設を許可したのであればともかくも、そうでなければ、神殿は王との接点をもたなくなるからです。

なおヨセフスは、この論争にアレクサンドリア在住のユダヤ人が関わったとしますが、ゲリジム山の神殿の正統性はともかくも、オニアス四世の神殿の正統性については、エジプトのユダヤ人たちがそれまでエルサレムの神殿に巡礼していただけに、たとえそこが長期にわたって機能しないものになっていたとしても、そこが律法にもとづいて建てられたものであるのにたいし、オニアス四世の神殿はイザヤの預言にもとづくものの、律法にもとづくものではありませんから、その正統性を否定することは容易であったと思われます。それにしても、ヨセフスはなぜサマリアびとのために弁じるとして読者に紹介したサバイオスとテオドシオスの議論に立ち入らなかったのでしょうか？　それは彼のサマリアびと嫌いと関係しているのでしょうか？

ヨセフスは以上をもって脱線を終え、彼の語りを再開いたします。それは『古代誌』一三・六三に接続するものです。

アレクサンドロス、エジプト王の娘を娶る

マカベア第一書一〇・五一以下によると、王デーメートリオス一世が倒れた後、セレウコス王朝の

もうひとりの王アレクサンドロスは、使者をエジプトの王プトレマイオスのもとへ送り、王の娘クレオパトラを娶りたい旨を伝えます。プトレマイオスはそのプロポーズを了承し、娘を伴ってプトレマイスに赴きます。セレウコス暦の第一六二年、すなわち前一五二―一五一年の出来事です

盛大な婚宴が催されます。

アレクサンドロスはヨナテースを婚宴に招きます。彼はそれに応じ、献上品を携えて出席いたします。彼はもう立派な政治家であり、さまざまな政治的駆け引きを知っているようです。王は彼に紫の外衣を着せ、彼を「第一の友人」に加え、彼を「(ユダヤの)指揮官(ストラテーゴス)兼知事(メリダルケース)」に任命いたします。なお、このときアレクサンドロスのもとには、ヨナテースを告発する者たちが押し掛けますが、彼らは相手にされません。ヨナテースには同胞の中に敵対する者たちが大勢いたようです。ヨセフスもほぼ忠実にマカベア第一書の話を再話いたします。

デーメートリオス二世ニカトールの侵入

またまた歴史の新しい展開です

マカベア第一書一〇・六七以下によると、セレウコス暦の第一六五年、すなわち前一四九―一四八年に、亡くなったデーメートリオス一世の子デーメートリオス二世がクレタ島を出帆して、シリアへ

向かいます。もちろんその目的は王位に就くことです。プトレマイオスの娘と結婚したアレクサンドロスは浮かれている場合ではありません。シリアに上陸したデーメートリオス二世は、アポロニオスなる人物をコイレー・シリアの総督に任命します。彼は大軍を従えてユダヤのヤムニア（地図参照）に進軍し、その地でエルサレムにいるヨナテースを挑発して誘い出し、戦いとなります。戦闘はヨッパやアゾトなど、パレスチナの海沿いの町で行われ、ヨナテース側が勝利いたします。セレウコス王朝の王アレクサンドロスは、敵対するデーメートリオス二世の配下の指揮官をヨナテースが打ち破ったのですから、彼には以前にもまして高い名誉を与えます。

ヨセフスもマカベア第一書の話の展開を追いながら、それ以外の資料からの情報で細部を補います。たとえば、彼は次のように申します。

「しかし、第一六五年、デーメートリオスの子デーメートリオスは、クレタ島民のラステネースが供給した多数の傭兵を率いてクレタ島から出帆し、キリキアへ向かった。」（一三・八六）

この細部の具体性はヨセフスの想像力が生み出したものではなくて、彼の目の前に置かれているマカベア第一書以外の文書資料によるものだと思われます。彼はまたデーメートリオス二世がキリキアへ向かったことを聞いたアレクサンドロスがフェニキア経由でアンティオキアへ戻ったとし、さらにアレクサンドロスがコイレー・シリアの総督（知事）に任命した人物の名を、マカベア第一書一〇・

六九のアポロニオスからアポロニオス・タオスに改めます（一三・八八）。もちろん、ヨセフスが創作的に改変した箇所もいくつかあります。たとえば、アポロニオスの軍勢とヨナテースの軍勢の間の戦闘の光景の細部などがそうですし、またヨナテースにたいするアポロニオスの挑発の言葉もそうです。

『古代誌』によれば、彼が使者を介して発した言葉は、次のようなものです。

「山の中でとぐろをまいていて、それで自分が強いんだ、などと思い違いをしてはいけない。もし、自分の力に自信があるならば、山を降りて来て、ひとつおれたちと勝負をつけてみたらどうか。そうすれば、どちらが本当の勇者なのか、すぐに分かるだろう。

教えてやるが、おれの軍隊にいる者は、国中の町からやって来た粒よりばかりで、その連中は、おまえのご先祖さまのお相手をして、一度もひけをとらなかった。おまえもひとつ、石ころの投げ合いなどでは間尺に合わず、さりとて負けて隠れる所もない、広い平地に出向いて来て、真剣勝負というやつをこのおれたちとやったらどうか。」（一三・八九−九〇）

右の一文は、マカベア第一書とは比較にならないほど生気のある、これぞ「挑発」の手本と言える、読んでいて楽しいものですが、それはまた、『古代誌』六・一七二以下に見られるヘブルびとの軍勢にたいするゴリアテの挑発、すなわち、ヘブルびとの兵士たちの中には山を降りて来て自分と一騎打ちする勇気ある男はひとりもいないのかと蛮声を張り上げての挑発をわたしたちに思い起こさせるものとなっております。ヨセフス自身、ガリラヤで指揮官であったときにその口からこのような挑発的な言辞をローマ兵たちに向かって吐いたりしたり、ローマ軍の指揮官たちから繰り返し吐かれたりしたと想像したくなります。

ヨナテース、アポローニオスをアシドドで打ち破る

マカベア第一書一〇・七四以下によると、アポローニオスの挑発に怒ったヨナテースは兄のシモーンと一緒に、一万の精兵を伴ってエルサレムから出陣したそうですが、ここでの一万という数は誇張もいいところです。せいぜい数百人でしょう。ヨナテースはアゾトスでの戦いに勝利します。彼はアシドドやその周辺の町々を焼き払ったばかりか、ダゴンの神殿に火を放ちます。ダゴンの神殿は士師記第一六章やサムエル記上第五章に登場しますが、こちらも何度か破壊されたようです。

ヨナテースはアスカローン経由でエルサレムに戻ります。彼はアレクサンドロス配下のアポローニオスが敗北したことを知ると、「以前にもまして（ヨナテースに）栄誉を与えることにした」そうですが、ヨセフスはそのときのアレクサンドロスの心理にまで立ち入り——彼はときどき登場人物の心理にまで立ち入ります——、「アポローニオスは自分の意思に反して、自分の友人であり同盟者であ

るヨナテースと戦ったと（言いふらし、ヨナテースの勝利を）喜んでいるかのように装った」（一三・一〇二）とします。

プトレマイオス・フィロメートール、シリアに入る

マカベア第一書一〇・一以下によると、エジプトの王プトレマイオスは、自分の婿になったアレクサンドロスの王国シリアを自国に併合しようと画策し、大軍を集めると、海路でシリアに入ります。シリアの町々は、アレクサンドロスの命令で彼を熱烈歓迎いたします。プトレマイオスはセレウキア近辺の町に来ると、デーメートリオス二世のもとに使者を送り、互いに協定を結びたい、アレクサンドロスの妻になっている自分の娘を与えたい、と仰天ものの提案をいたします。そしてアレクサンドロスから娘を取り戻すと、彼女をデーメートリオス二世に与えます。彼はアンティオキアに入ると、「アシアの王冠」をかぶります。この王冠がどんなものであるのか、よく分かりません。

ヨセフスもプトレマイオスがシリアにやって来たと述べますが、彼が語るのはプトレマイスでの出来事です。

「ところで、プトレマイオスがプトレマイスへやって来ると、だれも予想をしなかったことである

が、彼はそこで、アレクサンドロスが友人のアムモーニオスを使嗾《しそう》して企ませた陰謀にかかり、危うく一命を失いかけるという事件が発生した。

陰謀が発覚すると、プトレマイオスはアレクサンドロスに書簡を送り、この陰謀はアンモーニオスが自分にたいして企てたものだが、自分には彼を処刑する意志があるので身柄を引き渡してほしい、と要求した。しかしアレクサンドロスはそれを拒んだ。そこでプトレマイオスは、陰謀の張本人がアレクサンドロスであったことを知り、彼に激しい怒りをいだくこととなった。

ところで、かつてアレクサンドロスは、アンモーニオスのことでアンティオキアびとを怒らせたことがあった。彼らは、アンモーニオスのために多くの災厄を蒙ったからである。

さて、アンモーニオスは、（このようにアレクサンドロスの保護を受けたにもかかわらず）その向こうみずな犯罪にたいして、恥ずかしくも、ひとりの女として斬殺《ざんさつ》されてしまった。なぜなら彼は、他の所で述べたように、女装して身を隠そうとしたからである。」（一三・一〇六―一〇八）

ここでの資料の出所は不明ですが、それはここまでですでにたびたび言及したダマスコのニコラオスの著作『世界史』の中の、現存しない欠落部分ではないかと想像されたりします。

ここではプトレマイオスがアレクサンドロスの陰謀にかかり一命を失いかけたというのです。こういう陰謀の話は聞くに面白いものです。しかもアレクサンドロスの陰謀の手先になったのはアンモーニオスが女装して身を隠そうとしていたところを斬殺されてしまったというのですから、この男には本来女装趣味があったに違いなく、ヨセフスの聞き手や読者は、女装趣味があったネロ帝やカリグラ帝の姿を思い浮かべながら失笑すればよかったからです。ヨセフスが『古代誌』のこの箇所を著作していたころの皇帝ドミティアヌスに女装趣味がなかったのは幸いです。アレバ大変。なお、マカベア第一書一一・一〇に、プトレマイオスがデーメートリオス二世のもとに使者を遣わして言わせた言葉の中に、「彼（アレクサンドロス）は予を殺そうとしたので……」とあるところから、この一節をここでの陰謀と結びつける研究者もおります。

ヨセフスは次に、マカベア第一書（かその他の文書資料）にもとづいて、プトレマイオスが自分の娘をアレクサンドロスに与えて姻戚関係をつくったことを後悔し、それを解消して娘を取り戻し、娘をデーメートリオス二世に与えた話や、他の資料に依拠しているためか、その細部は異なるものの、プトレマイオスがアンティオキアでアシアとエジプトの二つの王冠をかぶることになった話に触れ（一三・一〇九―一一三）、さらに次のようなコメントを付します。

「しかし、天性が善良公正な人柄であり、目くるめく大きな幸運などに野心を持たず、その上、将来を見通す賢明さを備えていた彼は、ここでローマ人から反感を買うおそれのある行為は慎もう、と決心した。

そこで彼は、アンティオキアびとを一堂に集めると、彼らにデーメートリオスを受け入れさせようと、説得にこれつとめた。すなわち、もしデーメートリオスが彼らから好意をもって迎えられれば、彼はその父が彼らから受けた仕打ちにたいする恨みなどは棄ててしまうであろうと語り、自分もまた、デーメートリオスのよき忠告者となりよき指導者となって、デーメートリオスが何か悪事を企ててもそれを実行させるようなことはしないと約束したのである。またプトレマイオスは、自分にはエジプトの王座だけで十分であると明言した。こうして彼は、アンティオキアびとにデーメートリオスを受け入れさせることに成功した。」（一三・一一四―一一五）

マカベア第一書一一・一に「アイギュプトス（エジプト）の王は、浜の砂のように大きな数の軍勢と多数の船を集めると、アレクサンドロスの王国を策略でもって制圧し、それを自分の王国に加えることに熱心だった」とあります。これに注目する読者は、プトレマイオスがすでに自分の娘をアレクサンドロスに与えて姻戚関係を築いていただけに、彼がなかなかの陰謀家、なかなかの策士、なかなかの野心家であるとの印象を受けますが、『古代誌』あるいはそこで使用された資料は、「そのころ、フィロメートールの添え名をもつプトレマイオス王は、自分の婿のアレクサンドロスに力を貸すために、海陸の兵を率いてシリアへ入った」（一三・一〇三）と述べることで、彼が策士ではない印象を最初からつくり出しております。なお、ヨセフスは先行する箇所（一三・一一一）で、デーメートリオス二世の父デーメートリオス一世の「不法行為」に言及しますが、それが何であったかは説明しておりません。なおまた、ディオドーロス『世界史』三二・九Cには、このときのアンティオキアびとは、ヒエラックスとディオドトスの二人に煽動されて、プトレマイオスがアンティオキアに来ると王冠を与えようとしたが、デーメートリオス二世と密約を結んでいたプトレマイオスは、コイレー・シリアを支配し、シリアをデーメートリオス二世に与えることにしたとありますから、わたしたちはこの一文からプトレマイオスについて別の印象を受けることになります。

アレクサンドロス・バラスの死とプトレマイオス・フィロメートールの死

マカベア第一書一一・一四以下は、プトレマイオスとアレクサンドロス・バラスの間の戦闘に触れます。

この戦闘の一端はストラボーンの『地誌』一六・二・八からも知ることができ、また戦闘で敗れたアレクサンドロス・バラスがアラビアの地へ逃げ込んだとするマカベア第一書の記事は、ディオドーロス、前掲書、前掲箇所でも知ることができます。

マカベア第一書はまた、アラビアの地に逃げ込んだアレクサンドロス・バラスがその地のザブディエールと呼ばれる人物により首をはねられ、それがプトレマイオスのもとに送られた話や、彼自身プトレマイオスの要塞にいたところを市民たちに襲撃されて亡くなった話を伝えます。

ヨセフスもアレクサンドロス・バラスとプトレマイオスの二人の死について触れますが、そこでの詳細はマカベア第一書ではなくて、他の資料です。彼は次のように述べるからです。

「この戦闘中、プトレマイオスの乗っていた馬が、象の咆哮《ほうこう》に驚いて鞍上の彼を地上に振り落とす事件がおきた。もちろん、これを見た敵は彼を目がけて襲いかかり、致命的とも思える多数の傷を彼の頭部に与えた。そして護衛兵たちが王を（敵の手から）奪い返したときには、王はすでに重体であり、（その後）四日間、一言も口をきかず意識も全くなかった。

他方、この間に、アレクサンドロスは、アラブ人の首領ザベイロスに斬られ、その首がプトレマイオスのもとに送られてきた。すなわち王は、傷を受けてから五日目にようやく意識が回復したが、それと同時にアレクサンドロスの死の報せを聞き、その首を見たわけである。聞くも見るも、これほど彼にとって嬉しいことはなかった。しかし、プトレマイオス自身も、アレクサンドロスの死に精一杯の喜びを味わった後、ほどなくして世を去った。

バラスの添え名をもつアレクサンドロスは、王としてアシアを支配した期間は五年であった。これはすでに他の所でも書いたとおりである。」（一三・一一七―一一九）

少しばかり解説をいたします。

アレクサンドロス・バラスの首を取ったアラブ人についてです。マカベア第一書一一・一七では、この人物は「アラブ人ザブディエール」ですが、ヨセフスでは「アラブ人の首領ザベイロス」です。助けをもとめて首領のもとに逃げ込んだら、逆に首を取られてしまった光景が浮かび上がります。またその首がプトレマイオスのもとに送られたというのですから、アレクサンドロスは首領に助けをもとめるにあたっては、プトレマイオスの名を挙げ、かくかくしかじかで……と説明したと思われます。首領がその首を送り届けたということは、首領にもそれなりの思惑があったということです。なお、ディオドーロス、前掲書三二・九Dによれば、アラブ人の首領の名はディオクレースで、ザベイロスでもザブディエールでもありません。そして彼のもとへ逃れたアレクサンドロス・バラスは、部下のヘリアデースとカシオスの裏切りにあい殺害されたそうです。直接の下手人は首領ではなくなります。

なお右に引いた一文には、「……聞くも見るも、これほど彼にとって嬉しいことはなかった」とか、「アレクサンドロスの死に精一杯の喜びを味わった後……」とありますが、これはもちろん人間心理に立ち入ることを好み、それを文章化してみせるヨセフスならではのコメントです。

なおまた付け加えれば、右の一文でヨセフスはアレクサンドロス・バラスが「王としてアシアを支配した期間を五年」としておりますが、これは正しく、鋳造された貨幣（図36）の証拠によれば、それは前一五〇年から前一四五年までの五年です。右の一文の末尾に認められる、「これはすでに他の所でも書いたとおりである」は、該当箇所がないため、このフレーズはヨセフスが使用した資料中の

図36●アレクサンドロス・エウエルゲテース（通称バラス）の貨幣

ものだとされますが、『古代誌』のいくつかの写本は「すでに他の所でも書かれているとおりである」と読んでおり、こちらの読みを採用すれば、ヨセフスが複数形で表記されている「他の所」、すなわち、少なくとも二つか、あるいはそれ以上の資料、ここでの資料を含めれば、少なくとも三つか、それ以上の資料にあたっていることが分かります。もっともわたしたちはここで面白い問いを発することができます。ヨセフスは、すでに何度も述べているように、『古代誌』全体で、五五本に及ぶ聖書以外の資料を傍証として利用し、その書名や作者の名を挙げてそれらに言及しますが、マカベア第一書を扱った第一三巻では、すでに述べたように、マカベア第一書以外の資料を利用してもその資料の出所を明らかにしておりません。

それはなぜなのでしょうか？

デーメートリオス二世と、ユダヤ人に宛てた書簡

シリアの王でライバルでもあるアレクサンドロス・バラスは死にました。姻戚関係にあったエジプトの王プトレマイオスも死にました。

デーメートリオス二世にとってこんな嬉しいことはありません。彼はアンティオキアで――もしそのときそこにいればの話ですが――万歳を三唱し、またそこからアレクサンドリアに向かっても

万歳を三唱したに違いありません。当然のことながら、彼は即、最高指揮官を失って茫然自失の体のプトレマイオスの軍隊を滅ぼしにかかります。プトレマイオス軍の兵士たちは算を乱してアレクサンドリアに逃げ帰ります。ヨセフスによれば、デーメートリオス二世の軍勢は、彼らが残した戦闘用の象を確保したそうです（一三・一二〇）。鈍足の象たちは逃げ遅れて殺されたに違いありません、可哀想に。

デーメートリオス二世の王権は今や唯一無比のものとなります。それはセレウコス暦の第一六七年、すなわち前一四五年のことです。

さて、このころのヨナテースです。

マカベア第一書一〇・二〇以下によると、彼は多くの破城槌を設置してエルサレムのアクラ（要塞）を攻め落とそうとします。「多くの破城槌」の設置ですから、すでに何度も述べてきたように、アクラの規模が本格的なものになっていたと想像しなければなりません。

ヨセフスもマカベア第一書にしたがってことの展開を再話いたします。彼はアクラに立て籠る者たちについて再度説明を施し、彼らが「マケドニア人の守備隊や、先祖伝来の慣習を棄ててしまった一部の（ユダヤ人の）不信心者」であることを強調いたします。またしても「先祖伝来の慣習」という言葉が繰り返されますが、その使用についてはすでに何度も説明しております。

ヨセフスはここでなぜか破城槌の設置には触れません。彼の目の前をローマ軍が後七〇年の秋に使用した、その形状が雄羊の頭に似ているところから「雄羊」と呼ばれた破城槌（図37、38）による攻撃の光景がよぎったにちがいありませんが、それは思い出したくもない光景です。

アクラを抜け出してデーメートリオス二世のもとへ向かい、アクラの包囲を告げる者たちがおります。マカベア第一書によれば、この者たちは、アクラに立て籠っていたシリア兵たちではなくて、「自分の国民を憎み律法を破る者たち」です。ヨセフスによれば、「邪悪な者たちの一部」（一三・一二二）です。シリア兵が王のもとへ赴いたと書かれていないところに、それなりの記述上の真実味があります。シリア兵がアクラを出れば、即、攻撃の対象になりますが、ユダヤ人であれば必ずしもそうではないからで、しかも彼らはエルサレムを抜け出すための道を知っているからです。なお、ヨセフスはこの者たちがエルサレムを抜け出した時刻を夜間であったと想像いたします（一三・一二三）。

デーメートリオス二世は彼らの報告を聞くと怒り狂い、滞在先のプトレマイスからヨナテースに書簡を送り、（エルサレムの）包囲を解くよう命じます。ヨナテースは金銀をはじめとする「ありあまるほどの贈り物」をもってプトレマイス（かアンティオキア）に赴き、王の前に伺候します。こういう危地にあっては贈り物の威力に頼るしかありませんが、ヨナテースはその威力を十分に知っていたのです。

案の定です。

デーメートリオス二世は怒りを収めたばかりか、ヨナテースを大祭司に任命し王の「第一の友人」

図37●ローマ軍が使用した破城槌（上）
図38●同（下）

のうちに加えます。ヨセフスもほぼ同じ内容のことを語りますが、マカベア第一書がヨナテースに与えられたとする大祭司職に関しては、「先王から与えられたときと同じように、今回もまた大祭司職の維持が確認された」（一三・一二四）とします。そのためでしょう、ヨセフスはここでの記述では、最初からヨナテースに「大祭司」の称号を与え、「大祭司ヨナテース」（一三・一二一）と呼んでおります。なお彼は、ヨナテースが王の「第一の友人」に加えられたことには言及いたしません。

マカベア第一書一一・二八以下によると、このときヨナテースは、ユダヤおよびサマリアの三つの地方の貢ぎの免除を願い出て、王に「三〇〇タラントンを約束した」そうです。

これはよく分からない記事ですが、ヨセフスは、ヨナテースが王に「全ユダヤ、およびサマリアを、ヨッペー（ヨッパ）、ガリラヤの三地方のために（自分の歳入から）三〇〇タラントン支払いたいと願い出ると……」（一三・一二五）と、それなりに話の筋の通ったものにします。わたしたちはここから、ヨナテースが配下のユダヤ人たちからそれなりの貢ぎ、ないしは活動資金を巻き上げていたと想像しなければなりません。

マカベア第一書によると、ヨナテースの申し出に同意したデーメートリオス二世は、彼の「親族」で「父」の尊称を与えられたラステネース――この人物はコイレー・シリアの知事であったとされます――宛にしたためた書簡の写しを与えます。その書簡では、ユダヤ民族の者たちが免除されることになる貢ぎの数かずが列挙されておりますが、ヨナテースが代わりに納めると申し出た貢ぎを背景にしてこの書簡の写しを読むと、王はすでにして貢ぎの軽減を計っていたことになり、「本当かいな」となります。またマカベア第一書によると、デーメートリオス二世はヨナテースに、その書簡の写しを「聖なる山の人目につく場所」に掲示するように命じますが、ヨセフスはそれを「神殿の人目につく場所」（一三・一二八）に改めます。

マカベア第一書一一・三八以下によると、デーメートリオス二世は、彼の前に地が平穏になったのを見ると、彼が「異邦人（異民族）の島々から雇った外国人部隊」を除いてすべてを解散したそうです。すると彼が「父祖たちから（引き継いだ）すべての軍勢」が彼に敵対し、そのための行動を起こします。ヨセフスは軍団解散の事情を経費節約にもとめると同時に、軍団と兵士たちへの俸給の支払いについて、次のように述べます。

「さて、こうして平和が得られて、戦争の危険や危惧がもはやなくなったと思ったデーメートリオスは、兵への費用の節約のため軍団を解散し、俸給を支払いつづけたのは、彼が連れて来たクレタその他の島々からの兵士たちだけだった。その結果、デーメートリオスは、金を貰えなくなった兵士の反感や憎しみを買ってしまった。これまでの歴代の王は、兵士の忠誠心を確保して、有事の際、自分のために全力をあげて戦わすため、たとえ平時でも（戦時の俸給と）同額のものを支給していたのである。」（一三・一二九―一三〇）

平和が到来したからと判断されて、軍団が解散され、それまで命を賭けて戦場に出ていた兵士たちが、それに見合うものを与えられずにポイ捨て同然のことをされれば、彼らは怒り狂います。彼らの反感や憎しみを買うことになります。その点、ヨセフスの『自伝』によれば、後の時代のローマ軍は除隊した兵士たちにディプロマを与えたり、除隊した兵士たちの村をつくったりしてそれなりのケアで報いております。ガリラヤでのヨセフスが自軍の兵士たちに給料を払っていたかどうか、気になるところです。

トリュフォーンの陰謀

マカベア第一書一一・三九以下によると、このとき亡くなったアレクサンドロスの部下であったトリュフォーンと呼ばれる人物が、アレクサンドロスの子アンティオコスを養育していたアラブ人のイマルクエのもとに出かけ、アンティオコスをアレクサンドロスの後継者にするので引き渡してほしいと執拗な談判を繰り返しますが、そのとき彼はデーメートリオス二世の仕業と彼の軍隊の謀反を告げ、アレクサンドロスの引き取りに成功します。

ヨセフスもこのトリュフォーンの陰謀を伝えますが、彼はマカベア第一書とそれ以外の資料も用いております。

「当然、次のようなことが起こった。アパメイア出身で、トリュフォーンとも呼ばれたアレクサンドロス麾下《きか》の将軍ディオドトスは、デーメートリオスにたいする兵士たちのこのような不満に気づくと、アレクサンドロスの子アンティオコスを養育しているアラブ人マルコスの所へ行った。そして、デーメートリオスにたいする兵士たちの悪感情を彼に打ち明け、アンティオコスを王にして王国を取り戻してやると言い、アンティオコスを自分に引き渡すよう説得した。当初、マルコスは、(トリュフォーンを)信用しなかったので、(この申し出に)反対した。しかし、トリュフォーンが長期にわたって説きつづけたために、結局は、トリュフォーンが押し付けた計画を承認してしまった。これがトリュフォーンという男の引き起こした事件である。」(一三・一三一―一三二)

ヨセフスはここでマカベア第一書にない情報を、少なくとも三つ提供してくれます。ひとつは、「トリュフォーンとも呼ばれた……ディオドトス」から分かるように、この人物の本来の名前がディオドトスで、その添え名がトリュフォーンであったことです。次のひとつは、この人物がアパメイア出身であったというものです。ストラボーン『地誌』一六・二・一〇は、セレウコス一世が王妃であるペルシア人のアパメーのために建設したヘレニズム的な要塞都市アパメイア(図39)を地誌学的な興味から紹介し、この都市の発展には「ディオドトスとも呼ばれた……トリュフォーン」が関係していることに触れ、彼がアパメイアの地の要塞のあるカシアナで生まれたと述べており

図39●アパメイアの列柱街道

ますが、ストラボーンは、トリュフォーンではなくてディオドトスを添え名としております。ディオドトスとは「ゼウスに遣わされた者」の意ですから、こちらの方が添え名としてはふさわしいものかもしれません。しかし、ディオドーロス『世界史』三二・九Aは、ヨセフスと同じく、トリュフォーンを添え名としております。

ヨセフスが与えてくれる三つ目の情報は、アンティオコスを養育していたアラブ人の名前がイマルクエではなくてマルコスであったことです。ストラボーンは彼がアパメイアで育ち、この地で王と宣せられたとし、アラブ人の養育者には言及いたしません。ディオドーロス『世界史』三二・九Dは、このアラブ人の名前をディオクレースとしますが、同書三三・四Aは、ヤンブリコスとしております。資料にあたればあたるほど、どれが本当の名前やら、となります。

まあ、アラブ人シークの名前に拘ることはありません。人名や地名の固有名詞表記は転写の過程で崩れやすいものであることは覚えておいて欲しい事柄ですし、すでにたびたび見てきているように、ヨセフスが人名を「耳に快適に響く」ものに最初から改めている可能性も念頭に置かねばなりません。

ヨセフスはその結びの句で「これがトリュフォーンという男の引き起こした事件である」と述べておりますが、ここまで読むかぎりは、彼が引き起こしたことはたいした事件性のあるものとは思われません。それが分かるのはもう少し先に進んでからのことですが、そこに行く前に、それを暗示する箇所があります。

ヨナテース、デーメートリオス二世を支援する

マカベア第一書一一・四一以下によると、この間のヨナテースは、エルサレムの要塞やユダヤ各地の城塞にいる者たちの撤退を望んで、デーメートリオス二世のもとに使節を送りますが、王からは、自分は軍隊の謀反で忙殺されている、ついては支援部隊を送って欲しいと言われます。そこでヨナテースは三〇〇〇の援兵を送り出したというのです。

ヨセフスでも同じですが、マカベア第一書は軍隊の謀反の詳細には立ち入りません。しかし、この謀反こそはトリュフォーンが引き起こしたもので事件性のあるものであることを暗示いたします。ディオドーロス『世界史』三三・四Aは、この時期に、トリュフォーンとも呼ばれたディオドトスがデーメートリオス二世の不人気に乗じて軍隊を味方に引き入れて謀反し、アラブ人シーク（酋長）のヤンブリコスが養育していたアレクサンドロスの子アンティオコスを取り戻すと、彼の上に王冠を置いたと報告しているからです。

マカベア第一書一一・四三以下は、ヨナテースの援軍も加わったデーメートリオス二世の軍勢とアンティオキア市民一二万との間で繰り広げられた戦闘を報告します。市民たちは王を殺そうとして追いつめますが、そのとき活躍したのはユダヤ人の援軍で――その数は記されておりません――、彼らは一二万市民のうちの一〇万を殺戮したというのです。ユダヤ人たちが無類の「殺戮好きの民族」

だとしても、そしてまたトラキア人のように勇猛果敢の民族だとしても……しかし、ほ、ほ、本当でしょうか、この数字。南京大虐殺も真っ青になり、それぱかりかへたり込む数字です。

このときのユダヤ人たちは、市民の殺戮だけに一意専心したばかりか、町に火を放ち、略奪をほしいままにしたというのです。アンティオキア市民は王デーメートリオス二世に降伏いたします。王はユダヤ人兵士に戦利品を与えてヨナテースのもとへ送り返します。

ヨセフスはユダヤ人兵士とアンティオキア市民との間の戦闘を、次のように活写いたします。

「さて、ユダヤ人兵士は、アンティオキアびとが優勢となったと見ると、宮殿の屋根にのぼり、アンティオキアびとめがけて矢を放ち石を投げつけた。彼らは(敵よりもはるかに)高所にいたため、遠方の敵から何の妨害も受けずに大きな損害を与え、(ついに)敵を隣接する建物から追い出すことに成功すると、すぐに火を放った。建物が密集しており、その多くが木造であったため、火にたいして手出しもできず、ただ逃げ回るばかりだった。ユダヤ人兵士は、屋根から屋根へと飛び移っては彼らを追跡したが、それは(まことに)奇妙な追跡の仕方であった。」(一三・一三八—一四〇)

ここでの活写はマカベア第一書以外の資料にもとづくものだとされておりますが、たとえ他の文書資料を用いたとしても、ヨセフス自身は、対ローマの戦争の最後の場面や、ガリラヤの町でのローマ軍の攻略を思い起こしながらこの場面を描いているように思われます。ただし、建造物が密集して、しかもその造りは木造であったとする情報は他の資料からのものだと思われます。エルサレムやガリラヤには木造建築はないからです。

マカベア第一書一一・五四以下は、デーメートリオスがアンティオキア市民に勝利した後の光景の中にトリュフォーンの王にたいする謀反、すなわち彼がまだ幼子であったアンティオコスを（アンティオキアに）連れて戻り、彼を王にした話を語ります。先にデーメートリオス二世が解散した軍隊はトリュフォーンのもとに集結し、デーメートリオス二世は敗走いたします。リーウィウス「オクシリンコス・エピトマイ」五二によれば、王の敗走先はセレウケイアですが、ヨセフスは先に進んで「戦いに敗れたデーメートリオスはキリキアへ退いた」（一三・一四五）とします。この時期は、出土したアンティオコス六世エピファネースの刻印のある貨幣によれば、シリア暦の前一四五年のことです。

ヨセフスもマカベア第一書と同じく、この時点でトリュフォーンを再登場させ、彼が「アラビアからアンティオコス——彼はまだ少年にすぎなかった——を連れてシリアへ帰り、彼の（頭上に）王冠を置いていた」（一三・一四四）とします。そしてつづけて、彼に加わった軍勢に言及して、「俸給をもらえないためにデーメートリオスを見捨てた兵士はすべて、トリュフォーンに鞍替えした」（一三・一四四）と述べます。

ヨナテース、アンティオコスと同盟する

マカベア第一書一一・五六以下によると、トリュフォーンに使嗾されたアンティオコスはデーメートリオス二世に書簡を送り、彼の大祭司の地位を確認し、彼に四つの地区を与え、王の友に加え、黄金の祭具類などを送り、さらに、彼の兄弟シモーンを、「テュロス（ツロ）の階段からエジプトの国境にある地域の軍隊の指揮官に任命する」ことを約束いたします。ヨナテースは同意いたします。彼は属国の盟主気取りです。属国の盟主としてはアンティオコスとその後ろ盾であるトリュフォーンのご機嫌を伺うことが必要となります。なお、ここでの「テュロスの階段」は、地理学上の用語です。

ヨナテース、ガザを占領しベツスーラを攻略する

マカベア第一書一一・六〇以下に、「ヨナテースは（町を）出て、川向こう（の土地）と町々を巡回した。シリア全軍は、同盟軍として、彼のもとへ集まった」とあります。

ここでの「川向こう」とはヨルダン川東を指しますが、ヨナテースはそこからアスカローン（アシェケロン）に向かいます（地図1参照）。この町をアンティオコスの側につけるためです。アシェケロンの町は彼を歓迎いたします。次に彼はガザの町に向かいます（地図1参照）。この町は城門を閉ざし、

ヨナテースの説得には応じません。そこでヨナテースは町の周囲を焼き払い、略奪を働きます。ガザの住民たちはヨナテースと和解します。ヨセフスもマカベア第一書にしたがって再話いたしますが、彼はガザの破壊と和解に触れたあと、次のような個人的感想を述べます。

「どうも人間という存在は、(大きな)不幸を経験するまでは、何が(自分たちにとって)利益であるかを理解せず、また、災禍を蒙る前にその道を選べばより有利なことをあくまでも拒み、災禍を蒙ってからはじめてその道に立ち戻るという性格をもつもののようである。」(一三・一五二)

右はヨセフスお得意の人間省察ですが、人間や歴史の省察から教訓を引き出し、それを歴史記述の中に挿入する彼の手法は、サウロの性格の変化を論じた『古代誌』六・二六三以下や、悪事に走る人間について省察した同書七・三七以下、レハベアムの腐敗堕落を論じた同書八・二五一以下、アハブの運命について論じた同書八・四一八、摂理について論じた同書一〇・二七八以下、嫉妬と中傷に言及した同書一三・三一〇、徳に則した行動を取ることの重要性に触れた同書一七・六〇、一九・一六などに見られるものです。

マカベア第一書一一・六五以下によると、ヨナテースとシモーンは別々の行動を取ります。彼ら二人がそれぞれ相手にするのはデーメートリオス側の残兵です。シモーンはベッスーラ(地図1参照)の要塞を落とします。その攻撃では土塁を築き投石機を配置したというのですから、要塞は本格的なものになっていたと想像しなければなりません。ヨナテースはガリラヤのアソルの平原で苦戦の末、デーメートリオス二世の軍勢を敗走させて、エルサレムに戻ります。マカベア第一書一一・七四によると、この戦闘でヨナテースが屠った敵兵の数は三〇〇〇ですが、『古代誌』一三・一六三では「二〇〇〇」と珍しく控え目です。

ローマ人との同盟の再確認とスパルタとの親善

マカベア第一書一二・一以下によると、このころヨナテースは「時（カイロス）が自分に味方しているのを見て」使節をローマへ派遣し、友好条約を更新いたします。

使節はローマに到着すると（元老院で）演説をする機会を与えられます。彼らは自分たちが友好条約の更新のために遣わされたと申し立てます。マカベア第一書はそれにつづけて、使節の帰途の無事を願って、彼ら（元老院？）が各地の役人に書簡を送り、彼ら使節のために便宜を図るよう依頼したことに触れ、ついでスパルタ人宛のヨナテースの書簡の写しを引きます。その書簡は、スパルタの王アレイオスが大祭司オニアスへ送られた書簡が保管されていることに触れたり、ローマに派遣された使節の名前を挙げたりしております。マカベア第一書はまた、使節がローマからの帰途スパルタに立ち寄り、この書簡を提示したことを示唆いたします。

わたしたちはすでに『古代誌』一二・四一五以下で、ユーダス・マッカバイオスがローマに使節を送り、その使節が元老院で挨拶し、ローマと友好と同盟国関係を結んだとする記事を検討し、ローマが独立国でもないユダヤと協定など結ぶはずがないと申し立てましたが、ここではその協定が更新されたというのですから、わたしたちはこの協定の更新もあり得ないといたします。

マカベア第一書のこの第一二章はほとんど意味のない、無内容なことを述べております。使節がローマの元老院で挨拶をしたと述べますが、その挨拶の具体的な内容には立ち入っておりません。使節の帰途の安全のために、書簡が各地の「彼らに」送られたとしますが、書簡の送り手が誰であるのか、また書簡の受け手が誰であるのかが明示されておりません。マカベア第一書では、スパルタ人宛の書簡とその返書が引かれておりますが、本来ならば、物語の展開の上で「主」となるべき、ヨナテースの元老院宛の書簡は見られず、「従」となるべきスパルタ人への書簡と彼らからの返書が「主」となるべきものとして扱われているのです。

おかしいではありませんか。

さてヨセフスです。

彼はヨナテースが、「神の摂理により、すべてが自分の意志通りに行われているのを見て」(一三・一六三)使節をローマに送り、友好関係の更新を試み、その帰途に使節をスパルタに立ち寄らせ、ユダヤ人と彼らの間の「友情と姻戚関係を再確認するように命じた」(一三・一六四)とします。そして使節の無事安全な帰国のために、元老院は「アシアとエウロペーのすべての王および町の支配者に宛てた書簡を与えた」（一三・一六五）とします。書簡の発行人が元老院とされて少しばかり具体的ですが、書簡の受取人が使節の帰国のルートとは関係なさそうな「アシアとエウロペーの王および町の支配者」とされているのは理解しがたいものです。ヨナテースの使節がそれほど重要な使節であったことをローマ人の読者に印象付けようとしたのでしょうか？

マカベア第一書が引いてみせる書簡と、ヨセフスが引いてみせる書簡の一部をご覧に入れます。

マカベア第一書一二・六に見られる書簡の冒頭部分の挨拶は「大祭司ヨーナタン（ヨナテース）、国民（民族）のゲルーシア、祭司たち、および他のユダヤ国民から兄弟であるスパルタの方がたへ挨拶を送る」ですが、ヨセフスでは「ユダヤ国民の大祭司ヨナテース、ゲルーシア（の議員）、および祭司団より、その兄弟の、ラケダイモーン國の長官、ゲルーシア（の議員）および（ラケダイモーンの）国民に挨拶をおくります。諸兄にはますますご健勝、公私にわたり、諸事順調にお運びのことと拝察いたします。それはまた、われわれ一同の心からの願いでもあります。なお、われわれもまたいたって健康、かつ順調であります」（一三・一六六）です。

冒頭からしてあまりにも大きな違いなので、びっくりしてしまいます。

マカベア第一書一二・七に認められる本文は「以前にも、あなたがたの間で王として支配されておられるアレイオスから大祭司オニアスのもとへ、同封の（書簡の）写しが示すように、あなたがたはわたしたちの兄弟であるとする書簡が何通も送られてきました。オニアスは派遣されてきた使節を栄誉をもって迎え入れ、同盟と友好について提議されていた書簡(複数形)を拝受いたしました」ですが、ヨセフスでは「さて往年、(貴国の使節)デーモテレースが、諸兄とわれわれが姻戚関係であるとするアレイオス王のご書簡を――その写しを同封いたしました――当時のわれわれの大祭司オニアスに伝達されましたとき、われわれはそれを喜んで拝受するとともに、王ならびに使節にたいし、心からの謝意を表明いたしました」(一三・一六七)で、ここでも大きな違いです。この一文では「アレイオス王のご書簡」とありますが、ヨセフスはすでに『古代誌』一二・二二五以下で、ラケダイモーン人の王アレイオスからオニアス宛の書簡を引用しております。アレイオスの名で知られるラケダイモーン人の王は、アレイオス一世(前三〇九―二六五)と、前二五五年に幼少で死んだアレイオス二世しかおらず、したがってヨセフスがそこで利用するアレイオスの書簡は、実は、オニアス一世(前三二〇―二九〇)のときのものとなってしまいますが、彼はそのときの年代上の整合性などまったくない書簡を引き合いに出しているのです。マカベア第一書やヨセフスに見られる書簡の全文を比較検討しなくとも、この書簡はすでにして問題のあるものであることが分かります。

インチキ臭い書簡にいつまでもかかわってはおれません。

ユダヤ人の中の三つの宗派

ヨセフスは次にマカベア第一書には見られないユダヤ教の三つの宗派の「運命」観なるものについて、非常に唐突な仕方で語ります。

「そのころ、ユダヤ人の中には、人間の営みについてそれぞれ異なった見解をもつ、三つの宗派があった。すなわち、ファリサイびと、サドカイびと、そしてエッセネびとのそれである。

さて、ファリサイびとの見解によれば、ある出来事は——すべての出来事ではない——運命による業（の結果）であるが、その他は、それが起こるも起こらないのも、われわれ（人間の側の自由な意志）にかかっている、とする。

しかし一方、エッセネびとの宗団は、運命こそがいっさいの出来事の主人《キュリア》であり、われわれ人間の経験するすべてのことは、運命の定めるところにしたがって生起したものだと説明する。

他方、サドカイびとは、この運命というものを認めない。すなわち、この世にそのようなものは存在せず、（したがって）人間の営みがそれに支配されることもまたあり得ない。いっさいのことは、われわれ自身の（自由意志）で定まり、われわれの幸福はわれわれ自身がつくりだし、不幸に苦しむのはこれまたわれわれ自身の無思慮の結果である、と主張している。

しかし、このことは、わたしはすでに『ユダヤ戦記』の第二巻でより詳しく説明した。」(一三・一七一―一七三)

ヨセフスはなぜここで、ここまでで語ってきた物語を中断して、ユダヤ教の三宗派の「運命」観について語る必要があったのでしょうか?

その疑問はおくとして、ヨセフスが先行する『古代誌』一〇・二七八で、エピキュロス派の者たちが「摂理というものを人間生活の埒外《らちがい》に置き、神が人間界のあらゆる事象の支配者であることを信じようともしなければ、また、世界が絶えることなく存続するよう、万物が至福で不死の存在者によって舵取りされていることを認めようともしない。いやそれどころか彼らは、世界がそれを統《す》べる方《かた》をもたず、その方の心遣いを受けずにそれ自体の力で動いていると言い張ったりするのである。……」と言ってしまっているだけに、『古代誌』の読者は、もしユダヤ人読者でなければ、ここで言及されているサドカイ派の者たちをエピキュロス派の哲学を支持する者たちと見なすことは確実です。そこで使用される「摂理」(プロノイア)がここでの「運命」(ヘイマルメネー)とほぼ同義だからです。

ユダヤ教の三つの宗派について少々。

後のイエスの時代であれば、福音書に登場するサドカイびと(派)は、神殿に寄生する祭司たちを指します。彼らはモーセ五書の教えをどこまでも尊重し、そこに認められない教えを排除いたします。

福音書では、ファリサイびと（派）はサドカイびと（派）に対立する論者として登場いたします。彼らは神殿には必ずしも寄生する者たちではありませんが、神殿も彼らの活動領域であったはずですが、そこでのサドカイ派の活動とファリサイ派の活動にはどのような折り合いがつけられていたのかは不明です。彼らファリサイ派の者たちはサンヘドリンの議員の多数を占めていたと思われますが、どのような多数派であったかは不明です。彼らは対ローマのユダヤ戦争の勃発直前でサンヘドリンが機能しなくなったときに置かれた「民会」（ト・コイノン）でそれなりの数を占めたと思われますが、その詳細は不明です。彼らはエルサレムを離れて地方に行くことがあり、彼らの活動する姿は、たとえば、ガリラヤの町々で散見されることがありましたが、サドカイ派の者がガリラヤでうろちょろすることはなかったと思われます。

エッセネびと（派）は、福音書には登場しませんが、ヨセフスの著作に登場することで注目され、また死海の宗団との関係で、あるいは後一世紀のアレクサンドリアの哲学者フィロンが言及するエジプトのマレイオティス湖の近くで観想的な生活をする集団との関連で注目を浴びてきたグループですが（拙訳、フィロン『フラックスへの反論＋ガイウスへの使節』京都大学学術出版会、二六三頁参照）、これらのグループが顕著な仕方で登場するのは、ヨセフスが『古代誌』の第一三巻で扱っている時代ではなくて、後のローマ時代ですので、この点からもここでのユダヤ教の三宗派への言及には「はて、さて」と首をかしげたくなる唐突感が否めないのです。

ヨセフスはまだファリサイ派？

なお、ヨセフス自身をファリサイびととして理解すべきなのか、それともファリサイ派OBとして理解すべきなのかといった議論がヨセフス研究者の間で交わされることがありますが、「ローマに暮らして二〇余年」のヨセフスですから、ファリサイびとであることはとっくの昔に卒業していると思われます。ただし、ヨセフスがここで三つの宗派を云々するとき、彼の念頭にはマッタティアスからはじまるユーダス・マッカバイオスやヨナテースらの宗教的理解があるのかどうかを想像してみるのは面白いことだと思われます。

もし彼らにヨセフスがレッテル張りをするとしたらどうなるでしょうか。

彼らはサドカイびとではありません。神殿の寄生虫になろうとも神殿は機能していないからです。彼らは戦闘的なファリサイびと、ないしはヨセフスの時代に登場した「熱心党」（ゼーロータイ）の先駆者たちになるのではないでしょうか？

もしそうであれば、ヨセフスは『戦記』の中で、熱心党の律法への過激な熱心こそがユダヤ民族の国家を滅ぼすことになったと彼らを徹底的に批判しているだけに、マッタティアスの熱心を引き継いだ彼の五人の息子たちの宗教的熱心に批判の矢を放ってみせないのは、あるいはこの者たちが後の時代の熱心党の予備軍を育てることになったのだと批判してみせないのは、奇妙なことだと言わざるを得なくなります。

ヨナテースらの新たな勝利、ヨッパの占領、エルサレムの城壁の再建工事

マカベア第一書一二・二四以下によると、ヨナテースとシモーンの軍勢と、デーメートリオス二世麾下の指揮官たちが率いる軍勢との衝突はつづきます。シモーンはユダヤ全土を巡回しつつヨッパの町を占領いたします。ヨナテースはユダヤの各地に堅牢な砦を築き、エルサレムの城壁を高くしてアクラと町の間に高い仕切り壁を築いて、アクラを町から分断状態にいたします。

なんだかこれは現代のイスラエルの光景です（図40、41）。

アラブ人の町をシャットアウトするためにかつてのベルリンの壁よりも高い仕切り壁をつくる発想は、もしかしたら、マカベア第一書に由来するものかもしれません。それはともかくとして、ヨセフスもマカベア第一書にしたがってヨナテースやシモーンによる新たな勝利やエルサレムの城壁の再建工事などに触れますが、マカベア第一書以外の資料に依拠しているように思われる箇所もあります。たとえば、マカベア第一書一二・三一は、ヨナテースがザバダイびとと呼ばれるアラビア人を攻撃したとしておりますが、ヨセフスはヨナテースがアラビアに向かい、ナバテアびとを攻撃したと言っているからです。

図40●イスラエルがつくった遮断壁（上）
図41●イスラエルがつくった遮断壁（下）

デーメートリオス二世、捕虜となる

ヨセフスはついで、マカベア第一書以外の資料により、デーメートリオス二世が捕虜になった話を語ります。

「他方この間に、デーメートリオスは（エウフラテース川を）渡ってメソポタミアへ進出した。彼の考えは、メソポタミアとバビロンをともに占領し、上総督領を自分のものにすることによって、そこを全王国の支配の基地にすることであった。事実、この地方に住むギリシア人とマケドニア人は、たえず彼に使者を送り、もし彼が自分たちの所へ来るならば、自分たちは彼の側に寝返り、パルティア人の王アルサケースとの戦争では彼の軍に合流する、と約束していたのである。

さて、彼はこうした希望に胸をはずませて現地に向かったが、その際、もし自分がパルティア人に打ち勝って（大）軍の采配を振るうことになれば、もちろんトリュフォーンにも挑戦して彼をシリアから追い出す心算であった。そして、現地の人びとが彼を熱心に迎えたので、彼は（その地で）軍を募り、アルサケースに戦いを仕掛けた。しかし結果は、全軍を失って、彼自身も捕虜となる始末であった。これは、わたしが他の所で記述したとおりである。」（一三・一八四―一八六）

ヨセフス研究者の中には、ここでの資料をダマスコのニコラオスの『世界史』にもとめる者がおります。冒頭の「他方この間に」の時間的スパンは、前一四二年から前一四一年までの一年間と考えられます。ここでの「アルサケース」は特定の固有名詞ではなく、前二五〇年ころに創建されたパルティアの王朝の歴代の王が称号として使用したもので、ちょうどエジプトのファラオのような称号ですが（ユスティノス四一・五、ストラボーン『地誌』一五・一、三六）、ここでのアルサケースはミトリダテース一世（在位、前一七一－一三八）として知られるアルサケース六世を指します（図42）。引用した一文には、デーメートリオス二世がアルサケースに戦いを挑んで捕虜になったとありますが、これは前一三八年の出来事とされます。アピアーノス『シリア戦争』六七、およびユスティノス三六・一・三以下によると、捕虜となったデーメートリオス二世は、ヒュルカニアの要塞（地図2参照）に移されて監視されますが、後になって優遇され、ミトリダテース一世の娘ロドグネーと結婚したとされます。なお文書の末尾に「これは、わたしが他の所で記述したとおりである」とありますが、該当箇所がないため、このフレーズは資料中からのものとされます。

ヨナテース、トリュフォーンの罠に陥る

マカベア第一書一二・三九以下によると、トリュフォーンはアシアの王になろうと企み、アンティオコスを取り除こうとしますが、そのためにはヨナテースをまず取り除かねばなりません。

図42●ミトリダテース１世（上）
図43●ベテシャン（下）

トリュフォーンは四万の大軍を率いてきた――ここでの「四万」はとんでもない誇張です――ヨナテースとベテシャンで遭います。彼はヨナテースに甘言を弄して、一〇〇〇の兵士を残して他の者たちをユダヤ（ユダ）の地に戻させます。ヨナテースはプトレマイスやその他の地の要塞を引き渡すと約束するトリュフォーンの甘言に乗せられて彼と一緒にその地に向かいますが、町に入ると城門が閉じられ、住民たちの包囲攻撃に曝《さら》されます。ヨナテースは捕縛され、彼の軍勢は全員が殺されてしまいます。

ヨセフスもマカベア第一書の話の展開を追います。彼はギリシア語を解する読者を想定して、ベテシャン（図43）を「ギリシア人がスキュトポリスと呼んでいるベッサン」（一三・一八八）と呼びます。ベテシャンはローマ時代のデカポリス（十の町）のひとつとされます。アゴラがあったり、劇場があったり、競技場があったり、浴場があったりと、非常にギリシア的な町です。彼はヨナテースが四万の大軍を率いてきた理由を、トリュフォーンが自分を攻撃するのではないかと疑ったからだとします。

索　引

【図版一覧】

＊以下の表記で見られる web 上の public domain は、その使用が一般に「公共財」として認められているものを指す。

カバー　「荒れ野に逃れるマッタティアスとその家族の者たち」、ヴォイチェフ・シュッタトラー、1844 年作、クラクフ国立美術館、ポーランド、(web, public domain)。マッタティアスとその家族の者たちが画面の右手に、アンティオコス 4 世の布告を読み上げるシリアの役人が左手に、そしてエルサレムの神殿に立てられたゼウスの神像が中央奥に認められる。

口絵 1　アンティオコス 4 世エピファネース、ベルリン考古学博物館、(web, public domain)

口絵 2　ポンペイのギュムナシオン、(web)

口絵 3　ユダの荒れ野、(web)

口絵 4　「荒れ野に逃れるマッタティアスとその家族の者たち」、ヴォイチェフ・シュタットラー、カバー参照

口絵 5　「ユーダス・マッカバイオスの勝利」、ピーテル・パウル・ルーベンス、1635 年作、ナント美術館（フランス）、(web, public domain)

口絵 6　「神殿の清め（清掃作業）」、ヤコポ・バッサーノ、1585 年作、プラド美術館（マドリード）、(web, public domain)

口絵 7　プトレマイス（現代のアッコ）、(web)

図 1　アンティオコス 4 世エピファネースの貨幣、(web, public domain)

図 2　ゼウス・オリュンピオスの神殿、(web)

図 3　古代ギリシアのレスリング競技、(web)

図 4　有翼でつば広のギリシア帽、(web)

図 5　有翼のサンダル、(web)

図 6　「エルサレム神殿の破壊」、フランチェスコ・アイエツ、(web, public domain)

図 7　アントニアの塔、(web)

図 8　バッカス神、アンティオキア出土のモザイク画、(web)

図 9　バッカス神、(web)

図 10　バッカス神、(web)

図 11　ディオニュソスの杖、(web, public domain)

図 12　秦の始皇帝のときの焚書坑儒、(web)

図 13　中世のスコットランドで見られたタルムード焼却の絵、作者不詳、(web, public domain)

図 14　ゼウス・ヘレニオスの頭部が描かれた貨幣、シラクサ出土、(web)

図 15　「マッタティアスの決起」、ギュスターヴ・ドレ、(web, public domain)
図 16　「マッタティアスのもとに結集するユダヤ人たち」、『絵で見る聖書』ユリウス・シュノルの版画挿絵、(web, public domain)
図 17　「ユーダス・マッカバイオス」、同上
図 18　「ユーダス・マッカバイオスの勝利」、ギュスターヴ・ドレ、(web, public domain)
図 19　「勝利者ユーダス・マッカバイオス」、同上
図 20　現在のギレアデ、(web)
図 21　「アンティオコス 4 世の死」、ギュスターヴ・ドレ、(web, public domain)
図 22　「エレアザロスの死」、同上
図 23　デーメートリオス 1 世ソーテールの貨幣、(web)
図 24　セレウコス 4 世、(web)
図 25　「ユーダス・マッカバイオスの死」、作者不詳、(web)
図 26　テコアの荒れ野、(web)
図 27　プトレマイオス 6 世フィロメートールの貨幣、(web)
図 28　クレオパトラ 2 世、(web)
図 29　ヘーリオポリス周辺地図
図 30　クムランの宗教共同体の遺跡、(web)
図 31　クムラン近辺の洞穴、(web)
図 32　フリンダーズ・ピートリ、(web)
図 33　バステト神、(web)
図 34　同上
図 35　太陽神ラー、(web)
図 36　アレクサンドロス・エウエルゲテース（通称バラス）の貨幣、(web)
図 37　ローマ軍が使用した破城槌、(web)
図 38　同上
図 39　アパメイアの列柱街道、(web)
図 40　イスラエルがつくった遮断壁、(web)
図 41　同上
図 42　ミトリダテース 1 世、(web)
図 43　ベテシャン、(web)

ユダヤ史年表

前 171-170 年	○シリアの王アンティオコス 4 世、エジプトに遠征する。アンティオコス 4 世、エジプト遠征からの帰途、エルサレムを荒らす（第 1 回）。
前 169-168 年	○アンティオコス 4 世、エルサレムに侵入し、神殿を荒らす（第 2 回）。エルサレムの神殿、ゼウス・オリュンピオスに捧げられる。同じころ、サマリアの神殿もゼウスに捧げられる。 ○モディイン村の祭司マッタティアス、背教を迫るシリアの役人を殺害し、律法遵守のために決起する。マッタティアスと 5 人の息子たち、ユダの荒れ野に逃れる。律法の実践に厳格なハシダイオイ（敬虔なる者たち、聖なる者たち）が決起に加わわる。
前 168-167 年	○マッタティアス、亡くなる。マッタティアスの 3 男ユーダス・マッカバイオス、父の指揮権を継承する。
前 165-164 年	○シリアのアンティオコス 4 世、亡くなる。
前 164 年	○エルサレムの神殿、再奉献され、光の祭が執り行われる。
前 160 年	○ユーダス・マッカバイオス、バッキデースとの会戦で落命する。マッタティアスの 5 男ヨナテース、ユーダスの指揮権を継承する。
前 154-153 年	○シリアのアンティオコスの子アレクサンドロス、王を僭称する。アンティオコス、ヨナテースを大祭司に任命する。
前 150-145 年	○エルサレムで大祭司の地位を申し立てたオニアス 4 世、エジプトに亡命し、エルサレムの神殿を模したものを造営する。
前 142 年ころ	○トリュフォーン、王位につく。
前 136 年	○マッタティアスの子シモーン、殺される。
前 135 年ころ	○ハスモン一族のためのプロパガンダ文書、マカベア第 1 書が書かれる。
前 133 年	○アンティオコス 7 世シデテース、エルサレムを占領する。
前？年	○ヒュルカノス 1 世、ダビデの墓を暴く。
前？年	○ヒュルカノス 1 世、外国人傭兵を使用する最初のユダヤ人となる。
前？年	○ヒュルカノス 1 世、パレスチナ各地に遠征する。
前？年	○ヒュルカノス 1 世、イドゥマイアを征服し、住民に割礼を施し即席のユダヤ人づくりをする。
前 132 年ころ	○ヒュルカノス 1 世、ローマの元老院に使節を派遣する。
前 130 年	○アンティオコス 7 世、パルティアへ遠征する。
前 128 年	○ヒュルカノス 1 世、サマリアの神殿を破壊する。年代については異説あり。
前 124 年ころ	○マカベア第 2 書が書かれる。
前 105 年	○ヒュルカノス 1 世、亡くなる
前 105 年	○ハスモン一族のアリストブーロス 1 世、王になる。
前 105 年ころ	○アリストブーロス 1 世、弟のアンティゴノスを殺害する。
前 104 年	○アリストブーロス 1 世、亡くなる。
前 104 年	○ハスモン一族のアレクサンドロス・ヤンナイオス、王になる。
前？年	○アレクサンドロス・ヤンナイオス、パレスチナの未征服地を征服する。
前？年	○エジプトのプトレマイオス 9 世、パレスチナに侵攻する。
前？年	○アレクサンドロス・ヤンナイオス、エジプトのクレオパトラと同盟関係に入る。
前 102 年ころ	○アレクサンドロス・ヤンナイオス、ガザの町を攻撃する。
前？年	○アレクサンドロス・ヤンナイオス、パレスチナ各地に遠征する。
前？年	○アレクサンドロス・ヤンナイオス、シリアの王デーメートリオス 3 世と戦って破れる。
前 83-80 年	○アレクサンドロス・ヤンナイオス、パレスチナ各地に遠征する。
前 77 年	○アレクサンドロス・ヤンナイオス、亡くなる。

	○ハスモン一族のアレクサンドラ・サロメ、単独の女王となる。
前？年	○アレクサンドラ・サロメの子アリストブーロス2世、母親に反抗しはじめる。
前？年	○アリストブーロス2世、ユダヤ各地の要塞を制圧する。
前69年	○アレクサンドラ・サロメ、亡くなる。 ○ハスモン一族のアレクサンドラ・サロメの長男ヒュルカノス2世、王位につく。 ○アリストブーロス2世、ヒュルカノス2世に宣戦を布告する。
前69（68？）年	○アリストブーロス2世、ヒュルカノス2世に譲位させ、単独支配を開始する。
前？年	○アラビアの王アレタス3世、ユダヤに侵入し、アリストブーロス2世を包囲する。
前65年の春ころ	○スカウルス、アレタス3世の包囲を解く。 ○ローマの将軍ポンペイウス、アルメニアからダマスコに到着する。ヒュルカノス2世、王権についてポンペイウスに直訴する。
前？年	○ポンペイウス、ヒュルカノス2世とアリストブーロス2世を審問する。
前63年（6〜7月）	○ポンペイウス、エルサレムの神殿を占領する。
前57年	○ガビニウス、ローマからシリア知事として着任する。ユダヤ、ローマの属国シリアに組み込まれる。 ○アリストブーロス2世の子アレクサンドロス、ローマから舞い戻る。 ○アレクサンドロス、ガビニウスと戦って完敗する。 ○ガビニウス、神殿の管理をヒュルカノス2世に託し、パレスチナに5つの行政区を設ける。
前57（56）年の春	○アリストブーロス2世、ローマから脱出してユダの地に舞い戻る。
前56年？	○アリストブーロス2世、再度ローマに送られる。
前54年の春以降	○シリア知事クラッスス、エルサレムに入城し、神殿を荒らす
前53年の春以降	○クラッスス、パルティア遠征で戦死する。 ○ガイウス、シリア知事になる。
前48年8月9日	○ガイウス、ファルサルスの戦いで、ポンペイウスに勝利する。 ○ポンペイウス、エジプトのペールシオンに上陸しようとして殺される。
前47年の春	○ガイウス（＝ユリウス・カエサル）のエジプト遠征が終了する。 ○ヘロデの父アンティパトロス、ガイウスから格別の名誉を与えられる。
前47年の夏ころ	○ヒュルカノス2世、友好同盟条約確認のために使節をローマに派遣する。
前？年	○アンティパトロス、ファサエーロスとヘロデに重要ポストを与える。
前？年	○ヘロデ、シリアの国境近くの盗賊たちを一掃する。
前？年	○ヘロデ、裁判にかけられる。
前44年	○ユリウス・カエサル、暗殺される。 ○ユダヤ、銀700タラントンの貢納金を課せられる。
前？年	○アンティパトロス、毒殺される。
前42年10月	○アントニウスとオクタウィアヌス、カッシウスを打ち破る。
前？年	○ヘロデ、アントニウスによりテトラルケースに任命される。
前40年の春	○アリストブーロス2世の子アンティゴノス2世、エルサレムを占領しようとする。 ○ヘロデ、逃避行を開始する。
前40年	○ヒュルカノス2世、不具にされる。 ○ファサエーロス、自害する。 ○ヘロデ、ローマに向かう。
前40年7月ころ	○ヘロデ、ローマの元老院の指名で、ユダヤの王になる。
前？年	○ヘロデ、ユダヤに戻り、マサダの要塞を解放する。
前？年	○ヘロデ、サモサタでアントニウスと会見する。
前37年の春ころ	○ヘロデとソッシウス、エルサレムを包囲する。
前37年	○エルサレム、ヘロデの手に陥落する。

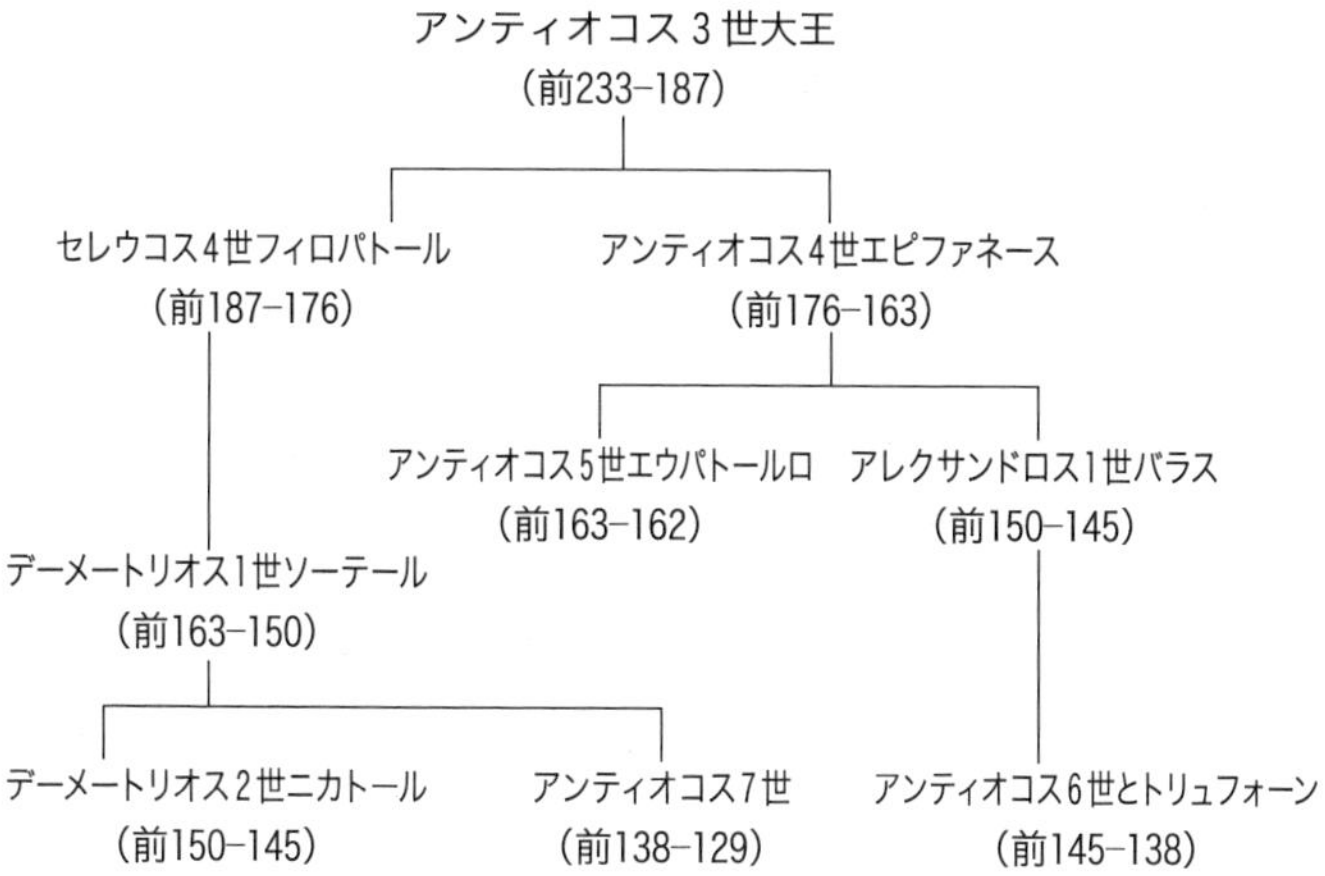

系図１：マカベア戦争およびそれ以降の時代のセレウコス王朝の王

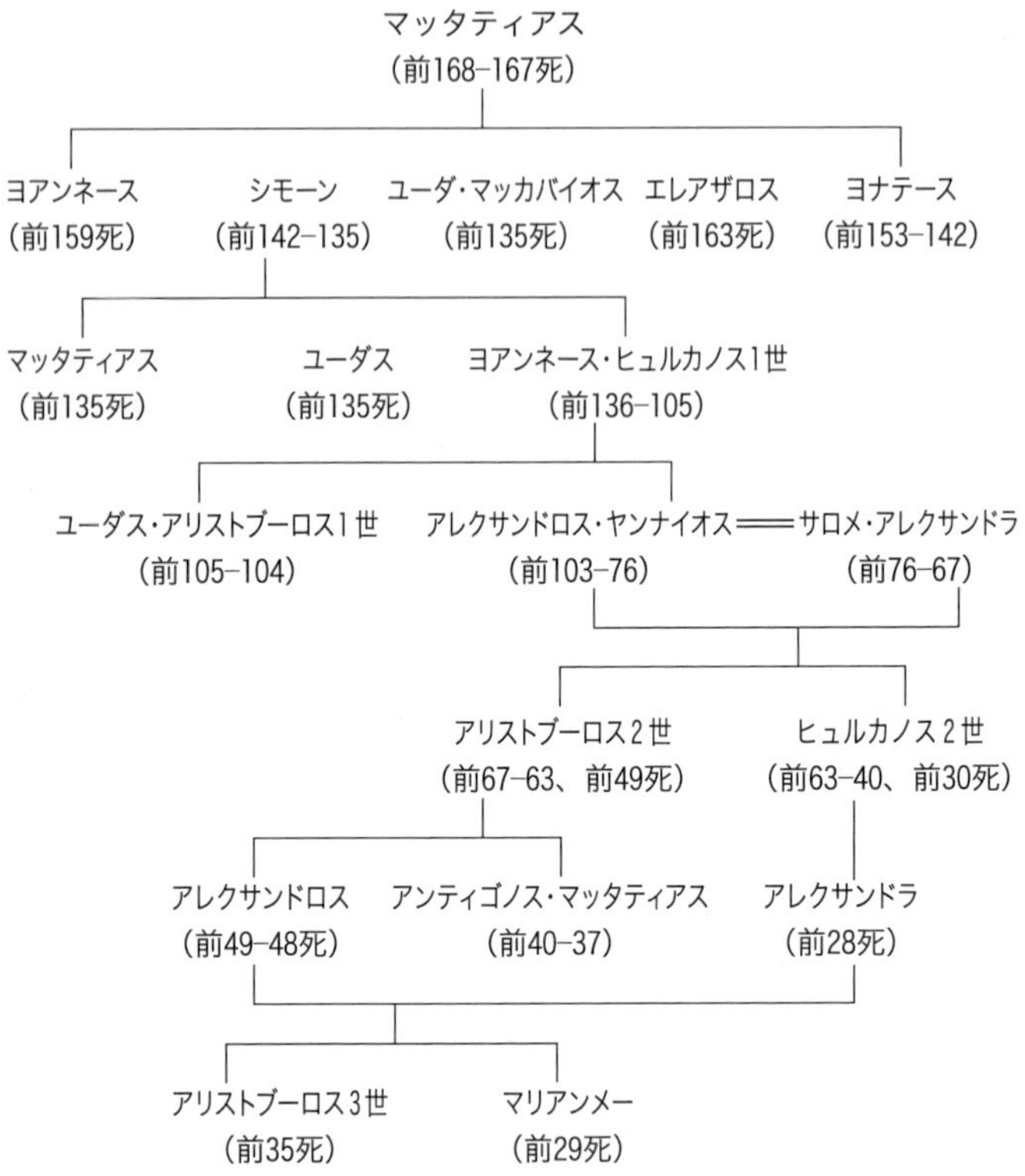

系図2：ハスモン（マカベア）朝の系図

地図1：ユーダス・マッカバイオス時代のハスモン朝の版図

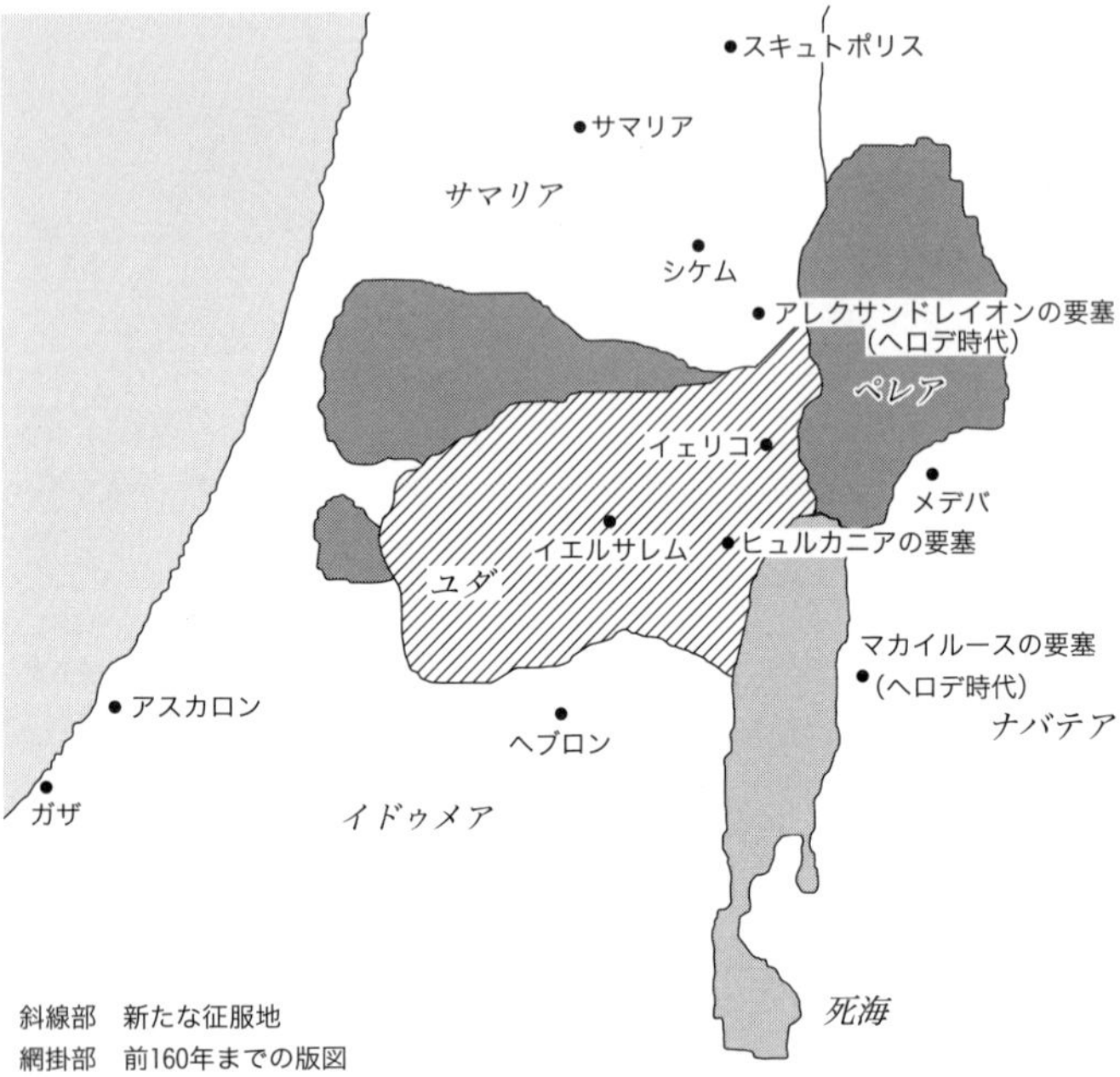

斜線部　新たな征服地
網掛部　前160年までの版図

地図2：ヨーナタンの征服地

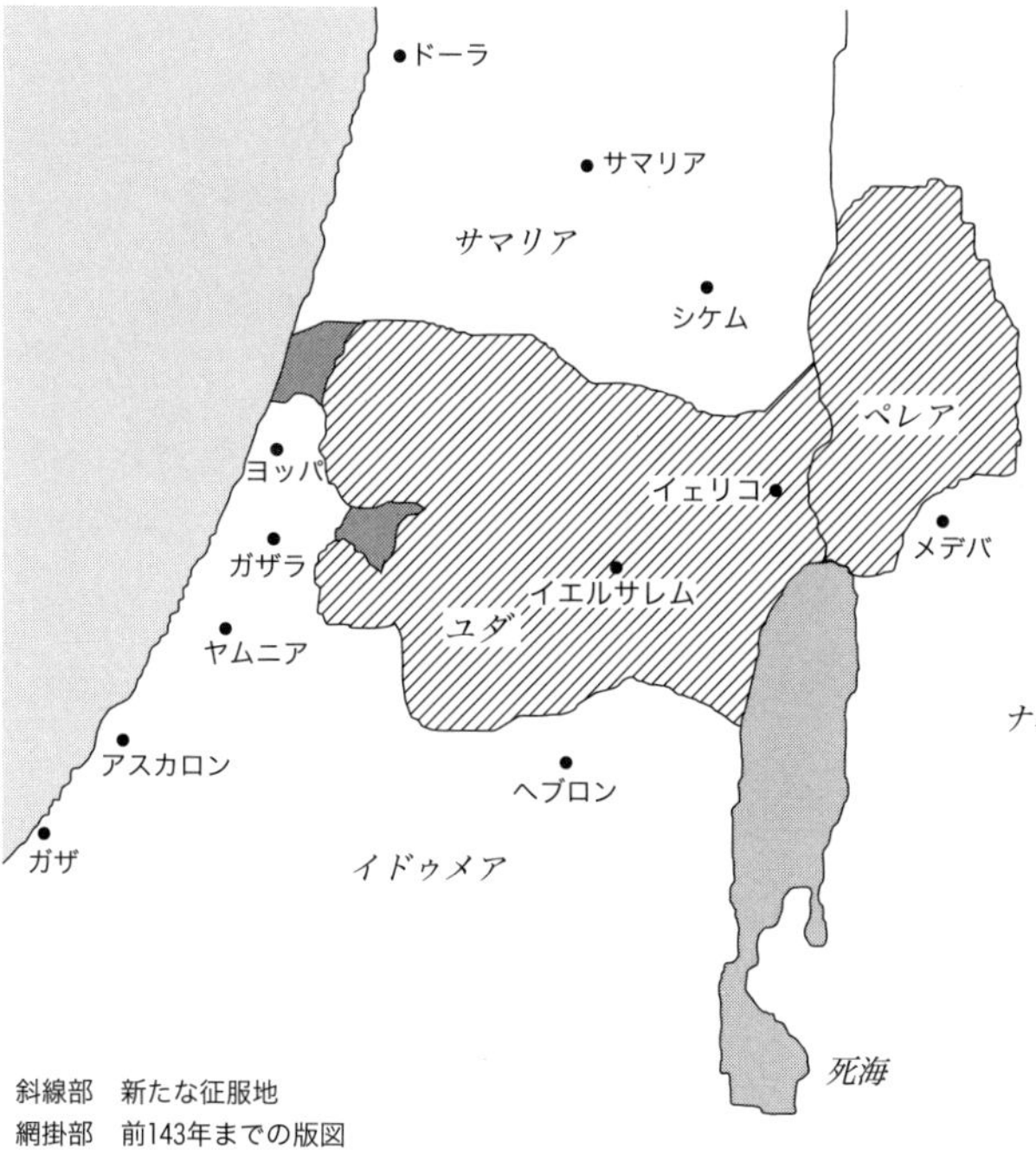

地図3：シモーンの征服地

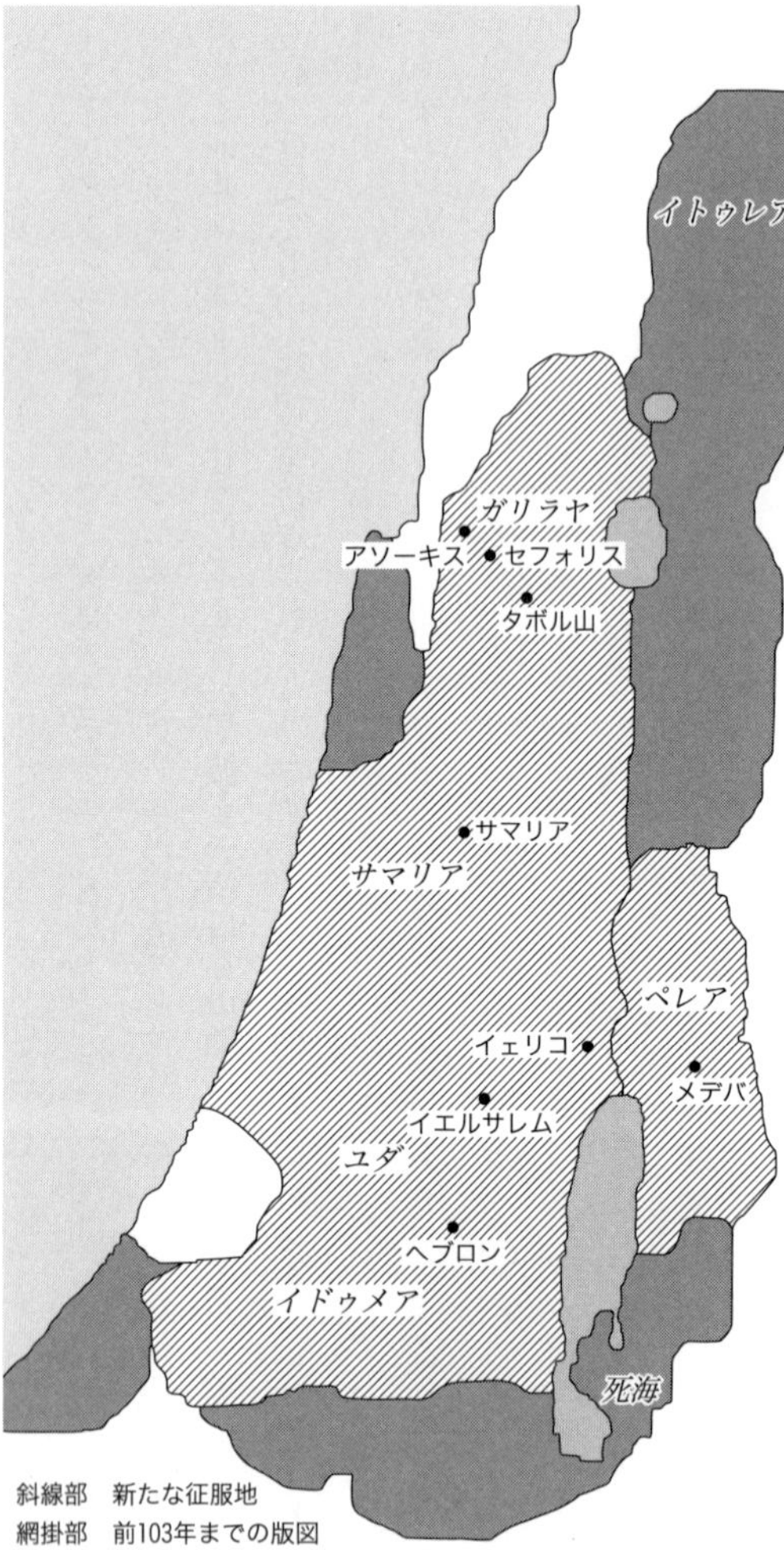

地図4：アレクサンドロス・ヤンナイオスの版図

秦　剛平（はた　ごうへい）

多摩美術大学名誉教授
聖書文学協会所属（ヨセフス・セミナー運営委員、フィロン・セミナー運営委員、ヘレニズム・ユダヤ教専門部会運営委員）、オックスフォード大学客員教授（1999―2000年）、同大学客員研究員（2001年以降）、現在ケンブリッジ大学（クレア・ホール）フェロー終身会員、（ウォルフソン・コレッジ）フェロー終身会員

主な著書／『乗っ取られた聖書』『異教徒ローマ人に語る聖書――創世記を読む』『書き替えられた聖書――新しいモーセ像を求めて』『聖書と殺戮の歴史――ヨシュアと士師の時代』『神の支配から王の支配へ――ダビデとソロモンの時代』『南北分裂王国の誕生――イスラエルとユダ』『空白のユダヤ史――エルサレムの再建と民族の危機』（以上京都大学学術出版会）、『旧約聖書続編講義』（リトン）、『ヨセフス――イエス時代の歴史家』『美術で読み解く新約聖書の真実』『美術で読み解く旧約聖書の真実』『美術で読み解く聖母マリアとキリスト教伝説』（以上ちくま学芸文庫）、『反ユダヤ主義を美術で読む』『描かれなかった十字架』『名画でたどる聖人たち』『名画で読む聖書の女たち』『天使と悪魔――美術で読むキリスト教の深層』（以上青土社）ほか

主な訳書／フィロン『フラックスへの反論／ガイウスへの使節』エウセビオス『コンスタンティヌスの生涯』ピロストラトス『テュアナのアポロニオス伝 1』（以上京都大学学術出版会）、ヨセフス『ユダヤ戦記』全7巻3分冊、同『ユダヤ古代誌』全20巻6分冊（ちくま学芸文庫）、エウセビオス『教会史』全10巻2分冊（講談社学術文庫）『七十人訳ギリシア語聖書』全5分冊（河出書房新社）ほか30冊

主な論集編纂／共編『古代世界におけるモーセ五書の伝承』（京都大学学術出版会）、『ヨセフス論集』全4分冊（山本書店）、『エウセビオス論集』全3分冊（リトン）

マカベア戦記㊤
—ユダヤの栄光と凋落　　学術選書 072

2015 年 11 月 13 日　初版第 1 刷発行

著　　者…………秦　剛平
発 行 人…………末原 達郎
発 行 所…………京都大学学術出版会
京都市左京区吉田近衛町 69
京都大学吉田南構内（〒 606-8315）
電話（075）761-6182
FAX（075）761-6190
振替 01000-8-64677
URL http://www.kyoto-up.or.jp
印刷・製本…………㈱太洋社
装　　幀…………鷺草デザイン事務所

ISBN 978-4-87698-872-3
定価はカバーに表示してあります

学術選書［既刊一覧］

＊サブシリーズ　「心の宇宙」→ 心　「諸文明の起源」→ 諸
「宇宙と物質の神秘に迫る」→ 宇

001 土とは何だろうか？　久馬一剛
002 子どもの脳を育てる栄養学　中川八郎・葛西奈津子
003 前頭葉の謎を解く　船橋新太郎　心 1
005 コミュニティのグループ・ダイナミックス　杉万俊夫 編著　心 2
006 古代アンデス 権力の考古学　関 雄二　諸 12
007 見えないもので宇宙を観る　小山勝二ほか 編著　宇 1
008 地域研究から自分学へ　高谷好一
009 ヴァイキング時代　角谷英則　諸 9
010 ＧＡＤＶ仮説 生命起源を問い直す　池原健二
011 ヒト 家をつくるサル　榎本知郎
012 古代エジプト 文明社会の形成　高宮いづみ　諸 2
013 心理臨床学のコア　山中康裕　心 3
014 古代中国 天命と青銅器　小南一郎　諸 5
015 恋愛の誕生 12世紀フランス文学散歩　水野 尚
016 古代ギリシア 地中海への展開　周藤芳幸　諸 7
018 紙とパルプの科学　山内龍男
019 量子の世界　川合・佐々木・前野ほか編著　宇 2
020 乗っ取られた聖書　秦 剛平
021 熱帯林の恵み　渡辺弘之
022 動物たちのゆたかな心　藤田和生　心 4
023 シーア派イスラーム 神話と歴史　嶋本隆光
024 旅の地中海 古典文学周航　丹下和彦
025 古代日本 国家形成の考古学　菱田哲郎　諸 14
026 人間性はどこから来たか サル学からのアプローチ　西田利貞
027 生物の多様性ってなんだろう？ 生命のジグソーパズル　京都大学総合博物館 京都大学生態学研究センター 編
028 心を発見する心の発達　板倉昭二　心 5
029 光と色の宇宙　福江 純
030 脳の情報表現を見る　櫻井芳雄　心 6
031 アメリカ南部小説を旅する ユードラ・ウェルティを訪ねて　中村紘一
032 究極の森林　梶原幹弘
033 大気と微粒子の話 エアロゾルと地球環境　笠原三紀夫 東野 達 監修
034 脳科学のテーブル　日本神経回路学会監修／外山敬介・甘利俊一・篠本滋 編
035 ヒトゲノムマップ　加納 圭
036 中国文明 農業と礼制の考古学　岡村秀典　諸 6

037 新・動物の「食」に学ぶ　西田利貞
038 イネの歴史　佐藤洋一郎
039 新編 素粒子の世界を拓く　湯川・朝永から南部・小林・益川へ　佐藤文隆 監修
040 文化の誕生　ヒトが人になる前　杉山幸丸
041 アインシュタインの反乱と量子コンピュータ　佐藤文隆
042 災害社会　川崎一朗
043 ビザンツ　文明の継承と変容　井上浩一　諸 8
044 江戸の庭園　将軍から庶民まで　飛田範夫
045 カメムシはなぜ群れる？　離合集散の生態学　藤崎憲治
046 異教徒ローマ人に語る聖書　創世記を読む　秦　剛平
047 古代朝鮮　墳墓にみる国家形成　吉井秀夫　諸 13
048 王国の鉄路　タイ鉄道の歴史　柿崎一郎
049 世界単位論　高谷好一
050 書き替えられた聖書　新しいモーセ像を求めて　秦　剛平
051 オアシス農業起源論　古川久雄
052 イスラーム革命の精神　嶋本隆光
053 心理療法論　伊藤良子　心 7
054 イスラーム　文明と国家の形成　小杉　泰　諸 4
055 聖書と殺戮の歴史　ヨシュアと士師の時代　秦　剛平

056 大坂の庭園　太閤の城と町人文化　飛田範夫
057 歴史と事実　ポストモダンの歴史学批判をこえて　大戸千之
058 神の支配から王の支配へ　ダビデとソロモンの時代　秦　剛平
059 古代マヤ　石器の都市文明［増補版］　青山和夫　諸 11
060 天然ゴムの歴史　ヘベア樹の世界一周オデッセイから「交通化社会」へ　こうじや信三
061 わかっているようでわからない数と図形と論理の話　西田吾郎
062 近代社会とは何か　ケンブリッジ学派とスコットランド啓蒙　田中秀夫
063 宇宙と素粒子のなりたち　糸山浩司・横山順一・川合 光・南部陽一郎
064 インダス文明の謎　古代文明神話を見直す　長田俊樹
065 南北分裂王国の誕生　イスラエルとユダ　秦　剛平
066 イスラームの神秘主義　ハーフェズの智慧　嶋本隆光
067 愛国とは何か　ヴェトナム戦争回顧録を読む　ヴォー・グエン・ザップ著・古川久雄訳・解題
068 景観の作法　殺風景の日本　布野修司
069 空白のユダヤ史　エルサレムの再建と民族の危機　秦　剛平
070 ヨーロッパ近代文明の曙　描かれたオランダ黄金世紀　樺山紘一　諸 10
071 カナディアンロッキー　山岳生態学のすすめ　大園享司
072 マカベア戦記㊤　ユダヤの栄光と凋落　秦　剛平